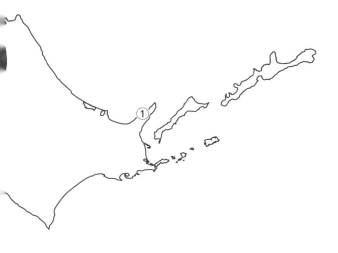

①【北海道】知床
　　ほっかいどう　しれとこ

②【青森・秋田】白神山地
　　あおもり　あきた　しらかみさんち

③【栃木】日光東照宮
　　とちぎ　にっこうとうしょうぐう

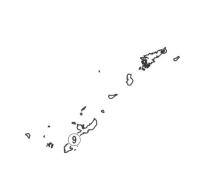

⑨【沖縄】首里城
　　おきなわ　しゅりじょう

Copyright 2017 Human Academy Co, Ltd.

All rights reserved. No part of this publications may be reproduced, stored in
a retrieval in a system, or transmitted in any form or by any means, electronic,
mechanical, photocopying, recording or otherwise, without the prior written
permission of the publisher.

First edition: April 2017

Publishing by ASK Publishing Co., Ltd.
2-6, Shimomiyabi-cho, Shinjuku-ku, Tokyo 162-8558, Japan
Phone: 03-3267-6864
www.ask-books.com/

ISBN978-4-86639-066-6

Printed in Japan

カレンダー

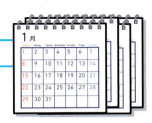

1がつ	いちがつ	2がつ	にがつ	3がつ	さんがつ
4がつ	しがつ	5がつ	ごがつ	6がつ	ろくがつ
7がつ	しちがつ	8がつ	はちがつ	9がつ	くがつ
10がつ	じゅうがつ	11がつ	じゅういちがつ	12がつ	じゅうにがつ

げつようび	かようび	すいようび	もくようび	きんようび	どようび	にちようび
1 ついたち	2 ふつか	3 みっか	4 よっか	5 いつか	6 むいか	7 なのか
8 ようか	9 ここのか	10 とおか	11 じゅういちにち	12 じゅうににち	13 じゅうさんにち	14 じゅうよっか
15 じゅうごにち	16 じゅうろくにち	17 じゅうしちにち じゅうななにち	18 じゅうはちにち	19 じゅうくにち	20 はつか	21 にじゅういちにち
22 にじゅうににち	23 にじゅうさんにち	24 にじゅうよっか	25 にじゅうごにち	26 にじゅうろくにち	27 にじゅうしちにち にじゅうななにち	28 にじゅうはちにち
29 にじゅうくにち	30 さんじゅうにち	31 さんじゅういちにち				

きのう	きょう	あした
せんしゅう	こんしゅう	らいしゅう
せんげつ	こんげつ	らいげつ
きょねん	ことし	らいねん

ひらがな

	a	i	u	e	o
	あ	い	う	え	お
k	か	き	く	け	こ
s	さ	し	す	せ	そ
t	た	ち	つ	て	と
n	な	に	ぬ	ね	の
h	は	ひ	ふ	へ	ほ
m	ま	み	む	め	も
y	や		ゆ		よ
r	ら	り	る	れ	ろ
w	わ				を
n	ん				

-ya	-yu	-yo
きゃ	きゅ	きょ
しゃ	しゅ	しょ
ちゃ	ちゅ	ちょ
にゃ	にゅ	にょ
ひゃ	ひゅ	ひょ
みゃ	みゅ	みょ
りゃ	りゅ	りょ

g	が	ぎ	ぐ	げ	ご
z	ざ	じ	ず	ぜ	ぞ
d	だ	ぢ	づ	で	ど
b	ば	び	ぶ	べ	ぼ
p	ぱ	ぴ	ぷ	ぺ	ぽ

ぎゃ	ぎゅ	ぎょ
じゃ	じゅ	じょ
びゃ	びゅ	びょ
ぴゃ	ぴゅ	ぴょ

かず

			~0		~00		~000		~0000	
1	一	いち	十	じゅう	百	ひゃく	千	せん	一万	いちまん
2	二	に	二十	にじゅう	二百	にひゃく	二千	にせん	二万	にまん
3	三	さん	三十	さんじゅう	三百	さんびゃく	三千	さんぜん	三万	さんまん
4	四	よん・し	四十	よんじゅう	四百	よんひゃく	四千	よんせん	四万	よんまん
5	五	ご	五十	ごじゅう	五百	ごひゃく	五千	ごせん	五万	ごまん
6	六	ろく	六十	ろくじゅう	六百	ろっぴゃく	六千	ろくせん	六万	ろくまん
7	七	なな・しち	七十	ななじゅう	七百	ななひゃく	七千	ななせん	七万	ななまん
8	八	はち	八十	はちじゅう	八百	はっぴゃく	八千	はっせん	八万	はちまん
9	九	きゅう	九十	きゅうじゅう	九百	きゅうひゃく	九千	きゅうせん	九万	きゅうまん

カタカナ

	a	i	u	e	o
	ア	イ	ウ	エ	オ
k	カ	キ	ク	ケ	コ
s	サ	シ	ス	セ	ソ
t	タ	チ	ツ	テ	ト
n	ナ	ニ	ヌ	ネ	ノ
h	ハ	ヒ	フ	ヘ	ホ
m	マ	ミ	ム	メ	モ
y	ヤ		ユ		ヨ
r	ラ	リ	ル	レ	ロ
w	ワ				ヲ
n	ン				

-ya	-yu	-yo
キャ	キュ	キョ
シャ	シュ	ショ
チャ	チュ	チョ
ニャ	ニュ	ニョ
ヒャ	ヒュ	ヒョ
ミャ	ミュ	ミョ
リャ	リュ	リョ

g	ガ	ギ	グ	ゲ	ゴ
z	ザ	ジ	ズ	ゼ	ゾ
d	ダ	ヂ	ヅ	デ	ド
b	バ	ビ	ブ	ベ	ボ
p	パ	ピ	プ	ペ	ポ

ギャ	ギュ	ギョ
ジャ	ジュ	ジョ
ビャ	ビュ	ビョ
ピャ	ピュ	ピョ

かず

0		ぜろ
11	十一	じゅういち
12	十二	じゅうに
13	十三	じゅうさん
14	十四	じゅうよん・じゅうし
15	十五	じゅうご
16	十六	じゅうろく
17	十七	じゅうなな・じゅうしち
18	十八	じゅうはち
19	十九	じゅうきゅう・じゅうく
10,000,000	一千万	いっせんまん
100,000,000	一億	いちおく

じかん

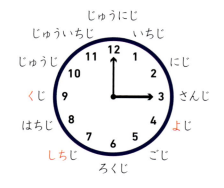
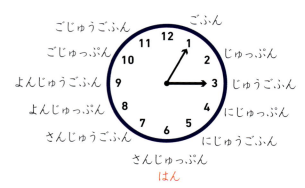

01	いっぷん	11	じゅういっぷん
02	にふん	12	じゅうにふん
03	さんぷん	13	じゅうさんぷん
04	よんぷん	14	じゅうよんぷん
05	ごふん	15	じゅうごふん
06	ろっぷん	16	じゅうろっぷん
07	ななふん	17	じゅうななふん
08	はちふん・はっぷん	18	じゅうはちふん・じゅうはっぷん
09	きゅうふん	19	じゅうきゅうふん
10	じゅっぷん	20	にじゅっぷん

いろ

Basic Japanese for Communication

つなぐ にほんご

辻 和子　小座間 亜依　桂 美穂

CEFR A1レベルを目指す

初級 1

ask

はじめに

　私たちはことばを使って自分の気持ちを伝え合ったり、意見を述べ合ったりして、周りの人と関係をつくっていきます。また、多くの人に向かってスピーチをしたり、文章で考えを伝えたりして、社会とのつながりをつくっていきます。このテキストは、日本語を使って、生活や仕事や勉学の場でよい人間関係を作り、社会的な活動をしたいと思っている方に使っていただきたいと考えています。

　今、人々は自分の国を出て、世界のいろいろな国で仕事をしたり、勉強をしたり、生活をしたりするようになりました。世界のあちこちで、外国語を使ってコミュニケーションをし、社会活動をしています。日本語を学ぶ人の中にも、日本に来て仕事や勉強や生活をしようとする人もいますし、日本以外の国で日本語を使って仕事をしようとする人もいます。そのようなみなさんが、日本語を使って社会活動に必要なコミュニケーションが「できる」ようになることを目標として、このテキストを作成しました。

　コミュニケーションが「できる」ようになるには日本語を学ぶ人自身が日本語を「使う練習」をすることが必要です。教師の説明を聞いたり、教師の質問に答えたりする授業では「わかる」ようになっても、「できる」ようにはなりません。日本語を学ぶ人同士が、日本語でやりとりができるようになるための練習ツールとして、このテキストを使ってください。

　このテキストの作成にあたって留意したことは次の5つです。

１）場面会話から始める

　本書は、学習者が「できる」ようになることを最優先の課題にしています。そのため、語句や文型を学んでから会話の学習をするのではなく、はじめに実際の場面を想定した会話（場面会話）を学習して、まずその場面のモデル会話を「できる」ようにします。

　授業はテキストを開かず、絵カードやプロジェクターを使って行います。実際の会話では、その場の状況を見てすぐに発話します。テキストなどを見て発話することはありません。授業では、実際の場面で発話するときと同じ脳の動きで練習することが運用力養成の大事なポイントだと考えます。

　絵カードやプロジェクターを使わない場合は、付属の赤シートで文字をかくすとイラストだけ見て会話することができます。赤シートは復習をしたり自習したりするときなどにも便利です。

２）場面会話ができるようになったあとで、文型の意味や使い方を確認する

　学習の目標はことばや文型の意味や使い方がわかることではなく、場面の会話が「できる」ことです。したがって、場面会話が「できる」ようになってから、場面会話で使ったことばや文型に注目し、意味や用法の確認をし、使う練習をします。

1つの文型に用法が複数ある場合は、場面会話で使われた用法に絞って意味の確認と練習をし、他の用法はその用法を使う別の課で扱います。

3）「できる」ようになることがはっきりわかる

　各課のパートには、「何ができるようになるか」を示しました。学習者も教師も「今日の授業で何ができるようになるか」がわかるので、学習の目標を共有して授業を進めることができます。また授業後、自分が何ができるようになったかを確認することもできます。

4）学習者のニーズに合わせて学習する課を選べる

　学習者の目的や時間、できるようになりたいことに合わせて学習する課を選ぶこともできます。学習する課に未習の文型が出てきた場合は、その文型が出ている課の文型練習から該当の部分を選んで学習します。巻末に「各課のできることと文型」一覧があるので、参考にしてください。

5）学習者にも教師にもわかりやすく、使いやすい

　場面会話から入るという学習の進め方に合わせて、各課を構成しました。テキストの提出順序にしたがって学習を進めていけば、各課の課題ができるようになります。また、文型練習の場面を可能な限りイラストで示しました。意味を視覚的にとらえることができ、実際に使う場面を意識しながら練習ができます。学習者が一人で学習することもできます。

　下記公式サイトより「授業のヒント」や「絵カード」がダウンロードできますので、授業準備の際にご活用ください。https://www.ask-books.com/tsunagu/

　ことばは人と人をつなぎます。「つなぐにほんご」という書名には、「日本語で人と人をつないでほしい」「日本語で世界をつないでほしい」「日本語で今の自分を将来へつないでほしい」という願いを込めました。

　日本語が日本語を学ぶ人と日本をつなぎ、日本語を学ぶ人が世界をつなぐ。世界の国々がつながって、全世界が平和になることを願っています。

　本書の作成、出版に際しましては、多くの方々にご指導、ご協力をいただきました。特にアスク出版の相澤フヨ子様、阿部宥子様には長い期間にわたり根気強くお力添えをいただきました。

　みなさまに心より感謝申し上げます。

2017年4月

辻 和子・小座間 亜依・桂 美穂

（ヒューマンアカデミー日本語学校）

もくじ

カレンダー・ひらがな・カタカナ・かず・じかん・いろ ·················· i – iv
はじめに ··· 2
音声について ··· 7
『つなぐにほんご 初級』について ································ 8

Lesson 1 あいさつする Giving Greetings ·················· 16
1 ①はじめまして ②おしごとは? ······························· 17
2 いい てんきですね ··· 25
3 ベトナムから きました ··· 31
アクティビティー・よみましょう・かきましょう ··············· 36

Lesson 2 かいものする Going Shopping ·················· 38
1 これ、ください ·· 39
2 くつうりばは どこですか ······································· 45
3 くろいの、ありますか ·· 51
アクティビティー・よみましょう・かきましょう ··············· 58

Lesson 3 でんしゃや バスに のる Taking the Train or Bus ·········· 60
1 なんで いきますか ·· 61
2 バスは なんじに きますか ····································· 67
3 なんばんせんですか ·· 73
アクティビティー・よみましょう・かきましょう ··············· 78

Lesson 4 まいにち する ことを はなす Talking about Daily Activities ·· 80
1 あさ がっこうで べんきょうします ·························· 81
2 まいにち りょうりを しますか ································· 87
3 まいしゅう つくります ·· 93
アクティビティー・よみましょう・かきましょう ··············· 98

Lesson 5 しょくじする Having a Meal ···················· 100
1 いらっしゃいませ ·· 101
2 ケーキに します ··· 107
3 おいしいですね ·· 111
アクティビティー・よみましょう・かきましょう ·············· 116

4

Lesson 6　よていや した ことを はなす Talking about Plans and What You Did … 118

1 りょこうします ……………………………………………………………… 119
2 きょうとは どんな ところですか ……………………………………… 125
3 りょこうは どうでしたか …………………………………………………… 131
アクティビティー・よみましょう・かきましょう ……………………… 137
コラム 1　かぞえかた ……………………………………………………… 139

Lesson 7　友だちと 話す① Talking with Friends (1) ………………… 140

1 しゅうまつ、なに する？ ………………………………………………… 141
2 わたしは 行かない ………………………………………………………… 147
3 これ、なに？ …………………………………………………………………… 153
アクティビティー・よみましょう・かきましょう ……………………… 159
コラム 2　しごと ………………………………………………………………… 161

Lesson 8　友だちと 話す② Talking with Friends (2) ………………… 162

1 友だちと サッカーしたよ ………………………………………………… 163
2 どうだった？ ………………………………………………………………… 169
アクティビティー・よみましょう・かきましょう ……………………… 176

Lesson 9　ちゅういや しじを きく Asking for Advice or Instructions … 178

1 そこに すてないで ください ……………………………………………… 179
2 じしょを つかっては いけません ……………………………………… 185
3 きょうかしょを 見て います …………………………………………… 191
アクティビティー・よみましょう・かきましょう ……………………… 196

Lesson 10　人や まちを しょうかいする Introducing People and Places … 198

1 どの 人ですか ……………………………………………………………… 199
2 ペキンに 住んで います ………………………………………………… 205
3 ベトナムの 南に ある まちです ……………………………………… 211
アクティビティー・よみましょう・かきましょう ……………………… 216

Lesson 11　おれいを 言う Giving Thanks ……………………………… 218

1 ありがとうございます ……………………………………………………… 219
2 母に つくって もらいました …………………………………………… 225
3 てつだって いただいて、ありがとうございました ……………… 231
アクティビティー・よみましょう・かきましょう ……………………… 237
コラム 3　助詞① …………………………………………………………… 239

Lesson12 おねがいする Making Requests ································· 240

1 おしえて ください ·· 241
2 見て いただけませんか ·· 247
3 けしゴム、かして ··· 253
4 帰っても いいですか ··· 259
アクティビティー・よみましょう・かきましょう ····················· 265
コラム4 体・病気 ··· 267

Lesson13 さそう・ことわる Making Invitations / Rejecting Invitations 268

1 わしょくは どうですか ·· 269
2 その 日は ちょっと ·· 275
3 行って みない? ·· 281
アクティビティー・よみましょう・かきましょう ····················· 287
コラム5 しゅみ ··· 289

Lesson14 アドバイスする Giving Advice ······························ 290

1 びょういんへ 行った ほうが いいですよ ································· 291
2 ネットで さがせば、いろいろ あるよ ··································· 297
3 行って みたら どうですか ··· 303
アクティビティー・よみましょう・かきましょう ····················· 309
コラム6 助詞② ··· 311

Lesson15 あやまる Apologizing ··· 312

1 こわして しまって、すみません ··· 313
2 ごめんなさい ··· 319
アクティビティー・よみましょう・かきましょう ····················· 324

ことば・ひょうげん さくいん ··· 326
アクティビティー・よみましょう・かきましょうの ことば ············ 338
各課のできることと文型／各課の提出漢字 ····························· 340

音声について
About the Audio

本書の音声はダウンロードサービスとなっています。
Free audio is available at the official site for this textbook series.

音声ダウンロードのしかた　How to Download Audio

▶ PCをご利用の方は下記サイトよりダウンロードができます。
PC users can download the audio from the following link.

「つなぐにほんご」公式サイト　Official Site
https://www.ask-books.com/tsunagu/

▶ スマートフォン（iPhone, Androidなど）をご利用の方はオーディオブック配信サービス「audiobook.jp」アプリよりダウンロードができます。詳しくは下記サイトをご覧ください。
Smartphone (iPhone, Android, etc) users can download the files from the audiobook distribution service audiobook.jp. Please see the site below for details.

「つなぐにほんご」公式サイト　Official Site
https://www.ask-books.com/tsunagu/

右のQRコードからもアクセスできます。
The site can also be accessed using the QR code on the right.

音声CDの作成方法についても公式サイトにてご案内しています。

アスクユーザーサポート　E-mail：support@ask-digital.co.jp

『つなぐにほんご 初級』について

『つなぐにほんご 初級』のねらい

　本書は、学習者が日本語を使って社会活動に必要なコミュニケーションが「できる」ようになることを目標としたテキストです。学習する場面は、学習者が実際に日本語でやりとりをする必要があると思われる場面を、会社、学校、生活から選びました。本書は社会活動ができることを目標にしていることから、ことばや文法が「わかる」ことより、日本語を使ってコミュニケーションが「できる」ことを優先して学習を進めます。まず実際の場面を想定した会話（場面会話）をやってみる、そのあとで会話で使った文型を確認して文型練習をする、最後に応用練習をしてできるようになったかどうかを確認する、という進め方です。

　場面会話ができるようになってから文型の確認をするので、文型の意味の理解がスムーズに行われます。教師が長々と文型の導入や説明をする必要がなく、授業時間の大半を学習者同士の会話練習に使うことができます。場面会話から入るメリットとしては、早く自然な話し方ができるようになることも挙げられます。

『つなぐにほんご 初級』の構成

　本書は全30課で、会社、学校、生活の日常的で基本的な場面のやりとりを扱っています。1課から15課までを「初級1」、16課から30課までを「初級2」とし、2分冊としました。
　「初級1」は日常生活の中のサバイバルな場面のやりとりを取り上げ、「初級2」は社会生活で必要な説明、意見交換、相談などのやりとりを取り上げています。各課のパートには「できること」を示しました。本書が目標とする「できること」はCEFRのA1/A2レベル、JF日本語教育スタンダードのA1/A2レベルに相当します。
　各課は2～4つのパートに分かれています。各パートには1つの場面会話とそこで使われた文型の練習があります。場面会話の登場人物は、会社、学校、日常生活で出会う人物を想定しました。会社で働く人と同僚、上司、日本語学校の学生と先生、住宅の管理人や住人、近所の人などが出てきます。（この本に出てくる人たち▶p.15）

到達レベル：CEFR A1/A2 レベル、JF スタンダード A1/A2 レベル、JLPT N5/N4 レベル
学習語彙数：約2,000語　　漢字数：約400字　　授業時間：約360時間

※漢字の使用について
『つなぐにほんご 初級』では6課から少しずつ漢字を使っていきます。「初級1」で約100字、「初級2」で約300字提出します。（各課の提出漢字▶ p.347）
　漢字にはふりがなが付いていますが、「初級2」の「よみましょう」に出てくる「初級1」の漢字にはふりがなが付いていません。

各課の構成

パート：1つの課に2～4の場面会話があります。

 課の扉
 場面会話
 文型練習
 はなしましょう Can-doチェック

ことば・ひょうげん
ぶんけい

アクティビティー

よみましょう
かきましょう

〈場面会話〉 音声あり ◀000　赤シート
　会話の場面と流れを4～5コマのイラストで表しています。登場人物のセリフはイラストの両側にあります。赤シートで文字をかくして、練習することができます。

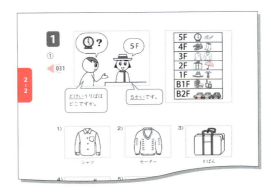

〈文型練習〉 モデル例に音声あり ◀000
　場面会話で使った文型を取り出して確認し、練習をします。練習で扱う場面すべてにイラストを入れました。使用場面をイメージしながら練習できます。

〈はなしましょう〉 音声あり ◀000
　場面会話の応用練習をします。「できますか」「これも できますか」「じゆうに はなしましょう」があります。「できますか」は場面会話とよく似たやりとりで、「これも できますか」は応用です。「じゆうに はなしましょう」は自分で考えて話します。

〈Can-do チェック〉

　各パートには、そのパートでできるようになることが書いてあります。各パートの学習が終わったら、どれぐらいできるようになったかをチェックしてください。

　☆☆☆は「よくできる」、☆☆は「できる」、☆は「なんとかできる」です。はじめての学習で十分できなくてもかまいません。少し学習を進めたあとで再度チェックして、できるようになったかを確認してください。

〈ことば・ひょうげん／ぶんけい〉

　場面会話、文型練習の新出語、新出表現、場面会話から取り出した文型を提出順にまとめました。

〈アクティビティー〉

　その課の場面会話や「できること」を使って活動する活動案です。その課に関連したテーマについて、自分の力でインタビューしたり、話し合ったり、ナレーティングをしたりします。日本語で実際にコミュニケーションをすること、文を続けて話すこと、相手に合わせて話すことが課題です。

〈よみましょう〉

　各課の終わりに読解教材を入れました。ひらがな、カタカナが読めるようになってから読み始めますので、実際には学習している課より数課遅れて読むこともあります。学習者同士が意見を交換しながら読みを深めていくための教材です。簡単な情報検索や大意をとる読解から始めて、500字程度の社会的な話題の文章の読解まで段階的に読みのトレーニングを進めます。

〈かきましょう〉

　その課の目標の「できること」やアクティビティー、「よみましょう」のトピックに関連した文章を書く練習をします。総合的な日本語力を効率よく養成するために、初級のはじめから意識的に書く練習ができるようにしました。書くことに慣れると同時に、「聞く・話す・読む・書く」の4技能をバランスよく伸ばすことがねらいです。実際の場面で行われている「書く」活動を意識しました。

〈コラム〉

　ことばの紹介や助詞のまとめなどです。「はなしましょう」やアクティビティーの活動に使ってください。

About "Tsunagu Nihongo : Basic Japanese for Communication"

The Aim of this Textbook Series

The aim of this textbook series is for students to become able to communicate at the level necessary to participate in society. The scenarios that will be studied are situations where the student would realistically need to converse in Japanese, chosen from work scenarios, school scenarios and daily life. Because the goal of this book is to participate in society, it is assumed that the student will progress in a way that prioritizes ability to communicate over knowledge of vocabulary and grammar. The study method is as follows: students will attempt a conversation based on a real situation (conversation scenarios), and then they will study the sentence patterns used in the conversation and practice the sentence structure. Finally, they will confirm that they have become able to use the language through applied practice.

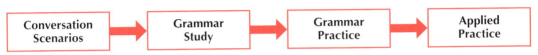

By beginning with conversations based on realistic scenarios, understanding of grammar can be checked, and students will smoothly gain the ability to understand sentence structures. There is no need for the teacher to explain the grammar at length, and the students can spend the majority of their class time practicing conversations among themselves. An advantage of beginning with the conversation scenarios is that students quickly learn how to speak naturally.

Structure of this Textbook Series

This textbook series consists of 30 chapters, dealing with communication in basic situations that happen in work, school and daily life. This is divided into two volumes, "Basic 1," which contains chapters 1 to 15, and "Basic 2," which contains chapters 16 to 30.

"Basic 1" consists of daily survival situations, and "Basic 2" consists of the conversations that are necessary in social life, such as explaining, expressing opinions and discussing. In each chapter, a "Can-do" section is shown. The "Can-do" goals in this book are equivalent to CEFR's A1/A2 levels, and JF Standard's A1/A2 levels.

Each chapter is divided into two to four parts. In each part, students will practice a conversation scenario and the sentence patterns used within that scenario. The characters that appear in the conversation are based on the type of people students are likely to meet at work, school and in daily life. For example, office workers and their co-workers and managers, students and teachers at Japanese language schools, apartment managers, landlords and neighbors will appear. (See: "Characters who appear in this book," pg.15)

Level of Achievement	: CEFR A1/A2 Level, JF Standard A1/A2 Level, JLPT N5/N4 Level
Number of Words Studied	: Approximately 2,000
Number of Kanji Characters Studied	: Approximately 400
Class Hours	: Approximately 360

*On the Use of Kanji Characters

In this textbook series, kanji characters will gradually be introduced from chapter 6 onwards. Around 100 characters appear in "Basic 1" and an additional 300 characters are introduced in "Basic 2." (See: "Kanji characters introduced in each chapter", pg.347)

The kanji have furigana. However, the "Basic 1" characters used in the "Let's Read" sections of "Basic 2" do not have furigana.

Structure of Chapters

Parts:
Each chapter contains two to four conversation scenarios.

Intro-duction	Conver-sation Scenario	Sentence Pattern Practice	Let's Speak / Can-do Check	Vocabulary and Expressions / Sentence Patterns	Activity	Let's Read / Let's Write

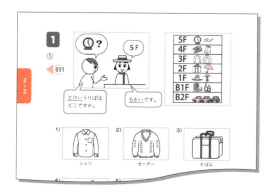

⟨**Conversation Scenarios**⟩
With Audio

The conversation scenario is depicted in a four to five panel comic. The character's lines are written on either side of the images. The writing can be hidden with a red transparent sheet for practice.

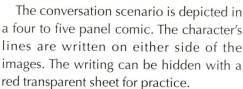

⟨**Sentence Pattern Practice**⟩
With Example Audio

The sentence structures used in the conversation scenarios are studied individually and practiced. Each situation used for practice has an illustration. Students can practice while imagining the situation in which they would use the sentence.

⟨**Let's Speak**⟩ With Audio

The students will practice handling the conversational situations. There are three sections, "Can you do it?" "Can you do this too?" and "Free talk." "Can you do it?" practices a conversation closely resembling the one used in the scenario, and "Can you do this too?" practices handling the situation. In "Free talk," the students come up with their own ideas for conversations.

⟨Can-do Check⟩

What the student will learn to do is explained in each part. After the student has finished studying each part, they should check how well they can do what was learned.

☆☆☆ means "Can do well," ☆☆ means "Can do" and ☆ means "Can do somewhat." It is okay if the student cannot sufficiently complete the task the first time they study it. Once they have studied a little further, they should return to the Can-do Check to see if they have become able to do it.

⟨Words, Expressions / Sentence Patterns⟩

This is a list of the new words and expressions from the conversation scenario and sentence pattern practice, and the sentence patterns from the conversation scenario in order of appearance.

⟨Activity⟩

These activities are for using the contents of the conversation scenarios and "Can-do" section in practice. Students will conduct interviews, converse and narrate about topics related to the theme of the chapter, within their own ability. The theme of the activities is the ability to communicate practically in Japanese, continue sentences and engage in conversation with other people.

⟨Let's Read⟩

At the end of each chapter, reading materials are included. These materials can be read after learning hiragana and katakana, so in some cases students may work on the reading material at a delayed pace, several chapters behind the chapter they are currently working on. The materials are designed so that students can exchange opinions among themselves while deepening their reading. Beginning with reading exercises where the goal is simple searches for information and understanding the general meaning, students will practice their reading until they reach a level where they can read passages of approximately 500 characters and understand social topics.

⟨Let's Write⟩

The goal of this section is to practice writing sentences related to the topics in the "Can-do," "Let's Read" and activity sections. In order to cultivate overall Japanese ability, conscious writing practice is included from beginner level on. The aim is to extend the four skills of listening, speaking, reading and writing in a balanced way, while becoming used to writing in Japanese. It was created with a focus on writing in practical situations.

⟨Columns⟩

Columns focus on topics such as introducing words and summarizing the use of particles. Use these in the "Let's Talk" sections and activities.

この本で使う記号
Symbols Used in This Book

 音声があります。
Audio is available.

------- 練習問題中、自分のことや考えを話すところです。
Where the student should speak their own ideas during the practice conversations.

C 友だちとのカジュアルな会話です。
Casual conversation appropriate for friends

★★★ その課の"Can-do"がどれぐらいできるようになったか自分でチェックします。
Check how much you have learned to do in this chapter with the "Can-do" section.

この本に出てくる人たち
Characters Who Appear in This Book

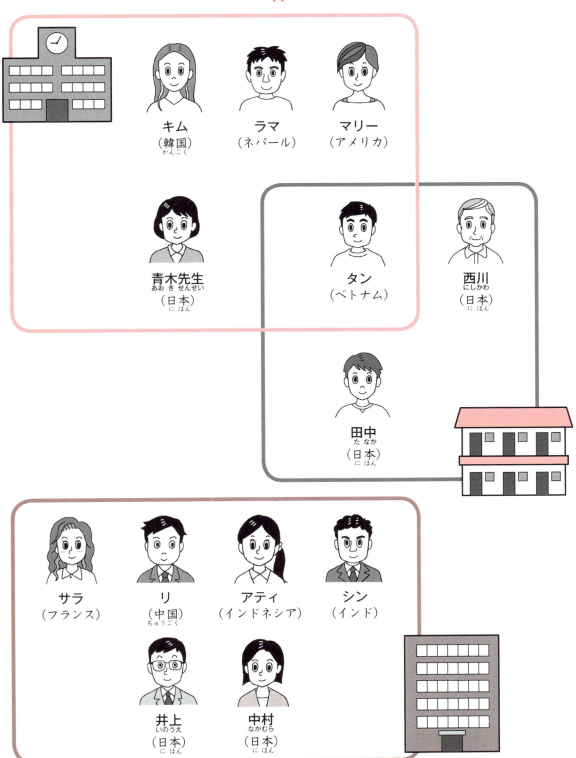

Lesson **1**
あいさつする
Giving Greetings

1 ①はじめまして　②おしごとは？

2 いい てんきですね

3 ベトナムから きました

Lesson1　1　①はじめまして

こうりゅうかいで はなします
Speaking at a cultural exchange party

1-1

サラ：
こんにちは。
はじめまして。
サラです。

どうぞ よろしく
おねがいします。

タン：
あ、はじめまして。
タンです。
どうぞ よろしく
おねがいします。

タンさん、おくには
どちらですか。

ベトナムです。

わたしは フランスです。

サラさんは？

そうですか。

17

Lesson1 ① ②おしごとは？

こうりゅうかいで はなします
Speaking at a cultural exchange party

サラ：
タンさん、おしごとは？

タン：
わたしは
にほんごがっこうの
がくせいです。

あ、そうですか。

サラさんも
がくせいですか。

いいえ、がくせいじゃ
ありません。
かいしゃいんです。

そうですか。

①

わたしは タンです。
がくせいです。

003

タン・がくせい

1)

サラ・かいしゃいん

2)

あおき・きょうし

3)

_____

②

A：はじめまして。さとうです。
　　かいしゃいんです。
B：はじめまして。
　　わたしは ＿＿＿＿＿＿＿＿＿＿です。
　　＿＿＿＿＿＿＿＿＿＿です。
　　どうぞ よろしく おねがいします。

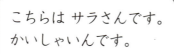
こちらは サラさんです。
かいしゃいんです。

はじめまして。

はじめまして。あおきです。
わたしは きょうしです。

①

A：Bさん、こちらは Cさんです。
　　Cさんは ＿＿＿＿＿＿＿＿＿＿＿。
C：はじめまして。
B：はじめまして。わたしは Bです。
　　＿＿＿＿＿＿＿＿＿＿＿。
　　よろしく おねがいします。

3

サラさんは かいしゃいんです。
いのうえさん**も** かいしゃいんです。

そうですか。

①

キムさんは がくせいです。
わたし_____。

②
わたしは
にほんじんです。

わたしは
ちゅうごく____です。

わたし____
_____。

③

A：すみません。にほんの かたですか。
B：いいえ。
　　わたしは _____ です。
A：そうですか。
　　わたし_____ です。

①リ：キムさんは がくせいですか。
　キム：はい、＿＿＿＿＿＿＿＿＿＿＿＿。
　リ：だいがくせいですか。
　キム：いいえ、だいがくせい＿＿＿＿＿＿＿。
　　　　わたしは にほんごがっこうの
　　　　がくせいです。
　リ：そうですか。

②いのうえ：タンさん、あの ひとは **だれですか**。
　タン：キムさんです。
　　　　にほんごがっこう＿＿＿
　　　　がくせいです。
　いのうえ：あの ひと＿＿＿ がくせいですか。
　タン：いいえ。
　　　　にほんごがっこう＿＿＿
　　　　せんせい＿＿＿＿＿。
　　　　あおきせんせいです。

はなしましょう

できますか？

じゆうに はなしましょう

①

②

✅ 初めて会った人にあいさつをしたり、名前を言ったりすることができる。
You can introduce yourself to people you meet for the first time.

✅ 初めて会った人に国や仕事を聞いたり、言ったりすることができる。
You can ask and tell people you meet for the first time about work and where you're from.

ことば・ひょうげん

はじめまして Nice to meet you. ／こんにちは Hello.

あ ah ／どうぞ よろしく おねがいします Pleased to meet you.

〜さん Mr. / Ms. ／（お）くに country ／どちら which ／わたし I ／そうですか I see.

（お）しごと work, job ／〜ご：にほんご language: Japanese ／がっこう school

がくせい student ／いいえ No ／かいしゃいん company employee, office worker

- -

きょうし teacher ／こちら this ／〜じん：にほんじん people: Japanese

すみません Excuse me. ／にほん Japan ／かた person ／はい Yes

だいがくせい university student ／あの ひと that person

だれですか Who are you?, Who are they? ／せんせい teacher

ぶんけい

1. わたしは 　　　　　　 です

   わたしは タンです。

   わたしは かいしゃいんです。

2. 　　　　　 さんは 　　　　　　　 です

   サラさんは かいしゃいんです。

   キムさんは がくせいです。

3. 　　　　　 は　 A 　です。　　　　　　 も　 A 　です。

   タンさんは がくせいです。キムさんも がくせいです。

   リさんは ちゅうごくじんです。チンさんも ちゅうごくじんです。

4. 　　　　　 は　 A 　ですか。　┌ はい、　 A 　です。

   　　　　　　　　　　　　　　└ いいえ、　 A 　じゃ ありません。

   　　　　　　　　　　　　　　　　 B 　です。

   キムさんは がくせいですか。 ― はい、がくせいです。

   キムさんは だいがくせいですか。 ― いいえ、だいがくせいじゃ ありません。

   　　　　　　　　　　　　　　　　にほんごがっこうの がくせいです。

   あの ひとは だれですか。 ― あおきさんです。

Lesson 1　2 いい てんきですね

きんじょの ひとと はなします
Speaking with people in the neighborhood

タン：
おはようございます。

やまだ：
おはようございます。

いい てんきですね。

そうですね。

がっこうですか。

え？ すみません。
もう いちど、
おねがいします。

がっこう？

あ、はい。そうです。

そうですか。
いってらっしゃい。

いってきます。

2

① 012

1) あめです
2) あついです
3) さむいです

1-2

②

やまだ：こんにちは。
タン：＿＿＿＿＿＿＿＿。
　　　＿＿＿＿＿＿＿＿ね。
やまだ：そうですね。

③

にしかわ：＿＿＿＿＿＿＿＿。
シン：＿＿＿＿＿＿＿＿。
　　　＿＿＿＿＿＿＿＿ね。
にしかわ：そうですね。

3

① 013

1)

2)

はなしましょう

できますか？

これも できますか？

- ✔ 近所の人に会ったとき、あいさつができる。 ★★★
  You can give greetings to neighbors.
- ✔ 近所の人と「いい天気ですね」「暑いですね」などの簡単な会話ができる。 ★★★
  You can hold simple conversations like talking about the weather.

ことば・ひょうげん

いい てんきですね The weather is nice, isn't it? ／てんき weather

おはようございます Good morning. ／そうですね That's right., Yes it is. ／え？ Sorry?, Huh?

すみません Sorry. ／もう いちど one more time ／おねがいします please ／そうです That's right.

いってらっしゃい Off you go., See you later. ／いってきます I'm off., I'm going.

- -

あさ morning ／ひる daytime ／よる night ／こんばんは Good evening.

さようなら Good bye. ／しつれいします Sorry to be leaving before you.

おつかれさまでした Good job., Good work., Thanks for your hard work.

おやすみなさい Good night. ／どうぞ Here you are. ／ありがとうございます Thank you.

すみません Excuse me, Sorry, Thank you ／ごめんなさい I'm sorry. ／あめ rain

あつい hot (weather) ／さむい cold ／ゆっくり slowly ／えいご English

Lesson1　3 ベトナムから きました

ひっこしの あいさつを します
Giving greetings when moving house

1-3

たなか：
はい。

タン：
こんにちは。
はじめまして。
101の タンです。
どうぞ よろしく
おねがいします。

あ、はじめまして。
たなかです。よろしく
おねがいします。

せんしゅう
ベトナムから
きました。

ベトナムの どちらですか。

ホーチミンです。

ああ、そうですか。

あのう、たなかさんは
コーヒーを のみますか。

はい、のみます。
すきです。

これ、ベトナムの
コーヒーです。
どうぞ。

わあ、ありがとう
ございます。

1

① 017

1)
2)
3)

②

A：おくには どちらですか。
B：＿＿＿＿＿＿＿＿です。
　　＿＿＿＿＿＿＿＿から きました。
A：そうですか。

③ 018

1)
2)
3)

④

タン：はじめまして。＿＿＿＿＿です。
　　　＿＿＿＿＿＿＿＿＿＿から
　　　きました。
リ：わたしは＿＿＿＿＿。
　　＿＿＿＿＿＿＿＿＿＿＿。

⑤

A：はじめまして。Aです。
B：はじめまして。Bです。
　　＿＿＿＿に ＿＿＿＿から きました。
A：そうですか。＿＿＿＿の どちらですか。
B：＿＿＿＿です。
A：そうですか。わたしは ＿＿＿＿に
　　＿＿＿＿の ＿＿＿＿から きました。
　　よろしく おねがいします。

2

019

①

A：おさけ＿＿＿＿か。
B：いいえ、わたしは ＿＿＿＿。
C：わたしは ＿＿＿＿。

②

A：Bさんは あまい ものを
　　＿＿＿＿。
B：はい、＿＿＿＿。すきです。
A：これ、＿＿＿＿の
　　＿＿＿＿です。どうぞ。

はなしましょう

できますか？ 020

じゆうに はなしましょう 021

- ☑ 近所の人やこれからお世話になる人にあいさつができる。 ★★★
  You can properly greet those that you will come to rely on in the neighborhood.
- ☑ いつどこから来たか聞いたり、答えたりすることができる。 ★★★
  You can ask and respond to questions about moving.

ことば・ひょうげん

きます・きました come from / came from ／ せんしゅう last week
ああ ah ／ あのう Um., Excuse me.
コーヒー coffee ／ のみます drink ／ すきです like ／ これ this ／ わあ wow

- -

～がつ：1がつ month: January ／ きょねん last year ／ あまい もの sweets
たべます eat ／ ケーキ cake ／ クッキー cookie ／ チョコレート chocolate
（お）さけ alcohol ／ ビール beer ／ ワイン wine ／ にほんしゅ sake, Japanese rice wine
しょうちゅう shochu (Japanese white distilled liquor)

ぶんけい

1. ＿＿＿＿＿は ＿＿＿＿＿から きました

わたしは せんしゅう ベトナムから きました。
リさんは 1がつに ちゅうごくの ペキンから きました。

おくには どちらですか ― ＿＿＿＿＿です

おくには どちらですか。― ちゅうごくです。

＿＿＿＿＿の どちらですか ― ＿＿＿＿＿です

ちゅうごくの どちらですか。― ペキンです。

いつ ＿＿＿＿＿へ きましたか ― ＿＿＿＿＿（に）きました

いつ にほんへ きましたか。― きょねん きました。
― 1がつに きました。

2. ＿＿＿＿＿は ＿＿＿＿＿を { のみます・のみません・のみますか
たべます・たべません・たべますか

わたしは おさけを のみます。
サラさんは おさけを のみません。
タンさんは おさけを のみますか。― はい、のみます。
キムさんは あまい ものを たべますか。― いいえ、たべません。

35

1 アクティビティー

しつもんしましょう

なまえ： サラ
くに： フランス
しごと： かいしゃいん

なまえ：
くに：
しごと：

しょうかいしましょう

こちらは サラさんです。
サラさんの くには フランスです。
サラさんは かいしゃいんです。

よみましょう

じこしょうかいを します。

わたしは チンです。にほんごがっこうの がくせいです。
わたしの くには ちゅうごくです。
どうぞ よろしく おねがいします。

わたしは アティです。HAぼうえきの しゃいんです。
インドネシアの ジャカルタから きました。
どうぞ よろしく おねがいします。

わたしは ルイスです。ブラジルから きました。
かいしゃいんです。

【しつもん】 〇ですか。×ですか。

1. (　　) アティさんの くには インドネシアです。
2. (　　) ルイスさんは ブラジルじんです。
3. (　　) チンさんは にほんの だいがくの がくせいです。
4. (　　) アティさんは かいしゃいんじゃ ありません。
5. (　　) チンさんも ルイスさんも HAぼうえきの しゃいんです。

かきましょう

氏名 しめい		性別 せいべつ	男 ・ 女 おとこ　おんな
住所 じゅうしょ	〒		
生年月日 せいねんがっぴ	年　　月　　日 　ねん　　がつ	年齢 ねんれい	
電話番号 でんわばんごう		国籍 こくせき	

Lesson 2

かいものする

Going Shopping

1 これ、ください

2 くつうりばは どこですか

3 くろいの、ありますか

Lesson2　1　これ、ください

 022

ハンバーガーを かいます
Buying a hamburger

てんいん：
いらっしゃいませ。

キム：
これ、ください。

はい、
チーズバーガーですね。

いくつですか。

ふたつ ください。

はい。

オレンジジュースも
ふたつ ください。

はい。ぜんぶで
560えんです。

え、すみません。
いくらですか。

560えんです。

はい。

1

① いくらですか。 ¥? ¥100 100えんです。

1)
¥1,000

2)
¥250

3)
¥3,600

4)
¥8,900

5)
¥50,000

6)
¥154

7)
¥1,296

8)
¥3,700,000

② 97えん → きゅうじゅうなな えん　159えん → _____ えん
　274えん → _____ えん　1,340えん → _____ えん
　23,800えん → _____ えん

2

① これは いくらですか。 ¥3,200 ¥? それは 3,200えんです。

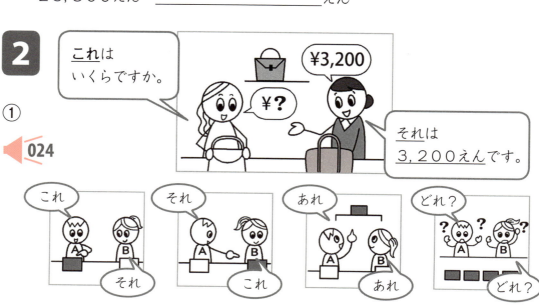

1)
¥11,600

2)
¥8,800

3)
¥1,234

②

A：＿＿＿＿＿＿ いくらですか。
B：＿＿＿＿は 1,800えんです。
A：じゃあ、わたしは それに します。

3

①

● ＿ひとつ＿　●●●●● ● ＿＿＿＿
●● ＿＿＿＿　●●●●● ●● ＿＿＿＿
●●● ＿＿＿＿　●●●●● ●●● ＿＿＿＿
●●●● ＿＿＿＿　●●●●● ●●●● ＿＿＿＿
●●●●● ＿＿＿＿　●●●●● ●●●●● ＿＿＿＿

1)
ボール

2)
ケーキ

3)
コップ

4)
いす

②

A：すみません。いす ＿＿＿＿＿ おねがいします。
B：あ、つくえも ＿＿＿＿＿ おねがいします。
C：はい。いす ＿＿＿＿＿ と
　つくえ ＿＿＿＿＿ ですね。

はなしましょう

できますか？

これも できますか？

- ☑ 買いたいものを店員に言うことができる。★★★
  You can tell the clerk what you want to buy.
- ☑ いくつ買いたいか店員に言うことができる。★★★
  You can tell the clerk how many you want.
- ☑ 店員に値段を聞くことができる。★★★
  You can ask the clerk how much something is.

ことば・ひょうげん

てんいん clerk, staff ／いらっしゃいませ Welcome.

チーズバーガー cheeseburger ／オレンジ orange ／ジュース juice

ぜんぶで altogether, in total ／～えん：100 えん ～ yen: 100 yen ／え Pardon?

- -

りんご apple ／はな flower ／ハンバーガー hamburger ／シャツ shirt ／いす chair

テレビ television, TV ／みず water ／ほん book ／くるま car ／かばん bag ／じゃあ okay, well

～にします have[take] this (one) ／ボール ball ／コップ cup

つくえ desk ／みかん mandarin orange ／レモン lemon ／パイナップル pineapple

メロン melon ／ポテト french fries ／サンドイッチ sandwich ／おにぎり rice ball

プリン pudding ／アイスクリーム ice cream ／こうちゃ black tea ／コーラ coke, coca cola

ポップコーン popcorn ／コロッケ croquette ／ドーナッツ donut

ぶんけい

1. いくらですか。 ― 　　　　　　　えん です。

   いくらですか。 ― ３１４えんです。

2. これ・それ・あれ・どれ

   これを ください。 ― はい。

   これは いくらですか。 ― それは １，０００えんです。

   あれは いくらですか。 ― あれは １０，０００えんです。

3. いくつですか。 ― 　　　　　　　です。

   いくつですか。 ― ひとつです。

4. 　　　　　　　（を）ください

   りんごを ください。

   　　　　　　　（を）　　　　　　　ください

   りんごを ひとつ ください。

   　　　　　　　と　　　　　　　（を）ください

   りんごと オレンジを ください。

   　　　　　　　（を）　　　　と　　　　　　　（を）　　　ください

   りんごを みっつと オレンジを ふたつ ください。

Lesson2 **2** くつうりばは どこですか

 030

デパートで うりばを ききます
Asking where a department is at a department store

リ：
すみません。

てんいんA：
はい。
いらっしゃいませ。

くつうりばは
どこですか。

くつうりばは
4かいです。

ありがとうございます。

すみません。
ビジネスシューズは
どこに ありますか。

てんいんB：
ビジネスシューズは
あちらです。
スニーカーの
となりです。

ありがとうございます。

1

① 🔊 031

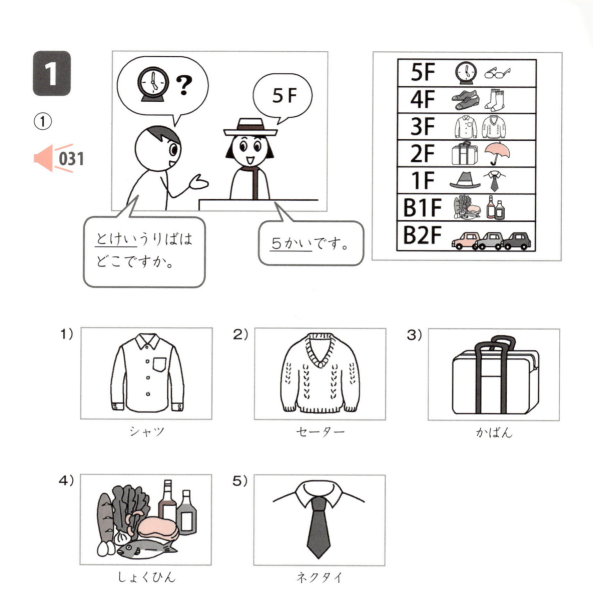

とけいうりばはどこですか。
5かいです。

1) シャツ
2) セーター
3) かばん
4) しょくひん
5) ネクタイ

②

A：すみません。おさけうりばは＿＿＿＿＿か。
てんいん：ちか＿＿＿＿＿です。
A：ちかですか。
てんいん：はい、しょくひんうりばにあります。

③

1)

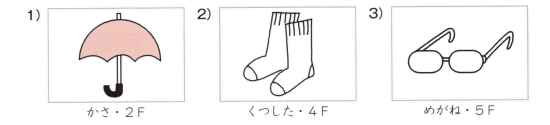

かさ・2F　　　くつした・4F　　　めがね・5F

2

①

となり

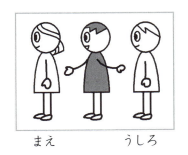

まえ　　うしろ

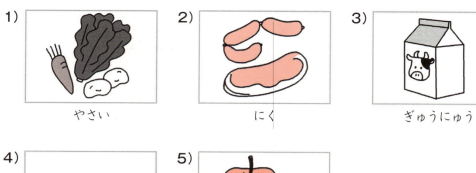

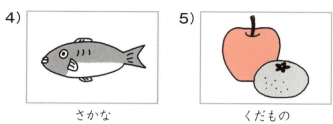

② A：あのう、ネクタイは どこに ＿＿＿＿＿＿。
てんいん：シャツの ＿＿＿＿＿＿です。
A：あ、ありました。

③ A：レモンは ＿＿＿＿＿＿か。
てんいん：レモンは あちらです。
りんごの ＿＿＿＿＿＿です。
A：あ、わかりました。どうも。

はなしましょう

できますか? 　　これも できますか?

- ✅ 売り場はどこか店員に聞くことができる。★★★
  You can ask the clerk where a department is.
- ✅ 商品がどこにあるか店員に聞くことができる。★★★
  You can ask the clerk where certain items are.

ことば・ひょうげん

くつ shoes ／うりば department, floor ／〜かい：４かい 〜 floor: fourth floor
ビジネスシューズ business shoes ／あちら over there ／スニーカー sneakers ／となり next to

- -

とけい watch ／めがね glasses ／くつした socks ／セーター sweater ／かさ umbrella
ぼうし hat ／ネクタイ necktie ／ちか basement ／しょくひん food product ／パン bread
ちゅうしゃじょう parking lot ／なんがい which floor
たまご egg ／まえ in front, before ／うしろ behind ／やさい vegetables ／にく meat
ぎゅうにゅう milk ／さかな fish ／くだもの fruit ／ぶどう grapes ／バナナ banana
わかりました Okay., I see., Got it. ／どうも Thanks. ／トイレ toilet, bathroom ／かいだん stairs

ぶんけい

1. ＿＿＿＿＿ は どこですか ― ＿＿＿＿＿ は ＿＿＿＿＿ です

   くつうりばは どこですか。 ― くつうりばは ４かいです。

2. ＿＿＿＿＿ は どこに ありますか ― ＿＿＿＿＿ は ＿＿＿＿＿ です

   たまごは どこに ありますか。 ― たまごは パンの となりです。

Lesson2 ３ くろいの、ありますか

かばんを かいたいです
Buying a bag

サラ：
すみません。あの かばん、
みせて ください。

いいえ、くろいのです。

てんいん：
しろい かばんですか。

はい。

ちょっと おもいですね。

どうぞ。

かるいの、ありませんか。

はい、あります。

あ、これは
ちいさいですね。

どうぞ。

すみません。
また きます。

ありがとう
ございました。

1

①

A：すみません。＿＿＿＿＿＿ ぼうしは いくらですか。
てんいん：２，０００えんです。

②

A：＿＿＿＿＿＿ ネクタイ、いいですね。
B：そうですね！

B：すみません。＿＿＿＿＿＿ ネクタイ、ください。
てんいん：はい、ありがとうございます。

①

1) _____ かばん 2) _____ かさ 3) _____ くつ
4) _____ シャツ 5) _____ はな 6) _____ うみ

②

038

すみません。きいろい かさは ありますか。

すみません。きいろいのは ちょっと…。

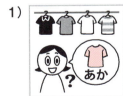
シャツ

セーター

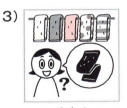
タオル

くつ

③

A：あかい シャツ、いいですね。
B：しろい ____ も、いいですね。
A：そうですね。

3

①

1) おおきい・ちいさい
2) ながい・みじかい
3) たかい・やすい

②

1) とけい
2) パソコン
3) じてんしゃ

③

A：これは ちょっと みじかいです。
　もう すこし ＿＿＿＿＿＿のは
　ありますか。
てんいん：はい、あります。どうぞ。
A：あ、これ、いいですね。

④

A：これは ちょっと ちいさいですね。
　　＿＿＿＿＿＿は ありませんか。
てんいん：すみません。＿＿＿＿＿＿は
　　　　　ちょっと。
A：そうですか。じゃあ、また きます。

4

おもいですか。

いいえ、おもくないです。

① 041

1)
たかい

2)
ちいさい

3)
おいしい

4)
おもしろい

②

てんいん：どうですか。おおきいですか。
A：いいえ、＿＿＿＿＿＿です。
　　ちょうど いいです。

③

びよういんの ひと：ちょっと ながいですか。
A：いいえ、＿＿＿＿＿＿です。
　　ちょうど いいです。

はなしましょう

できますか？

これも できますか？

- ☑ ほかに商品があるかどうか聞くことができる。★★★
  You can ask if there are any other items.
- ☑ 買わないで店を出ることができる。★★★
  You can leave the shop without buying anything.

ことば・ひょうげん

くろい black ／みせて ください Please show me. ／しろい white
ちょっと a little ／おもい heavy ／かるい light ／ちいさい small ／また again

- -

いいですね That's good., It's good. ／くろ・くろい black ／しろ・しろい white
あか・あかい red ／ちゃいろ・ちゃいろい brown ／きいろ・きいろい yellow
あお・あおい blue ／うみ sea ／ちょっと… not quite right, don't really like ／タオル towel
おおきい big ／ながい long ／みじかい short
たかい expensive ／やすい cheap, not expensive ／パソコン computer ／じてんしゃ bike, bicycle
もう すこし a little more ／おいしい delicious, good ／おもしろい interesting, funny
ゲーム game ／ジャケット jacket ／どうですか How about...?
ちょうど いいです It's just right. ／びよういん hair salon ／ひと person ／いろ color

ぶんけい

1. この・その・あの・どの

　　この シャツは おおきいです。
　　その シャツは たかいです。
　　あの シャツは やすいです。
　　どの シャツが いいですか。

2. 　　　　　　い　　　　　　　 ＝ 　　　　　い の

　　しろい かばんは いくらですか。 ― 3,000えんです。
　　この かばん、くろいのは ありますか。 ― はい、あります。
　　あおい シャツは ありますか。 ― あおいのは ありません。

3. 　　　　　　い です

　　これは おもいです。 ― そうですか。これは かるいです。

4. 　　　　　　くない です

　　その かばんは おもいですか。 ― いいえ、おもくないです。
　　あの くつは たかいですか。 ― いいえ、たかくないです。

アクティビティー

しらべましょう

きょうの レート	にほん（円）	わたしの くに（　　　　）
＿＿がつ ＿＿にち	1円 ＝ ＿＿＿＿＿＿＿＿＿ ＿＿＿＿＿円 ＝ 1＿＿＿＿＿＿＿	

しつもんしましょう

たまごは いくらぐらいですか。

10こで 200円ぐらいです。

わたしの くにで たまごは 10こで 100NPR（ルピー）ぐらいです。100円ぐらいです。

	にほん	わたしの くに	さんの くに
たまご	10こ 200円ぐらい		
トイレット ペーパー	＿＿＿ロール ＿＿＿円ぐらい		
タクシー	＿＿＿km ＿＿＿円ぐらい		

いいましょう

わたしの くにで ＿＿＿＿＿は ＿＿＿＿＿で ＿＿＿＿＿円ぐらいです。

よみましょう

かいものを します。

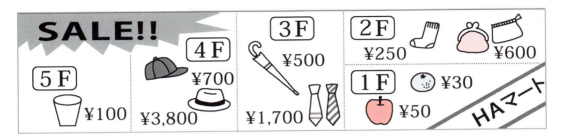

やまもとさん：わたしは オレンジを みっつと りんごを ふたつ かいます。

さとうさん：わたしは しろい ぼうしを かいます。

すずきさん：わたしは ネクタイと くつしたを かいます。

かとうさん：わたしは かさと コップと さいふを かいます。

【しつもん1】うりばは どこですか。　【しつもん2】いくらですか。

	やまもとさん	さとうさん	すずきさん	かとうさん
1				
2				

かきましょう

100 円　ひゃくえん　　1,000 円 _____　　600 円 _____

97 円 _____　　23,800 円 _____　　1,340 円 _____

159 円 _____　　274 円 _____　　8,958 円 _____

Lesson 3
でんしゃや バスに のる
Taking the Train or Bus

1 なんで いきますか

2 バスは なんじに きますか

3 なんばんせんですか

Lesson 3 ① なんで いきますか

044

えびすへ いきます
Going to Ebisu

マリー：
わあ！
これ、どこですか。

キム：
えびすですよ。

はい。いきたいです！

にちようび、
いきませんか。

じゃあ、
いきましょう！

わたしは でんしゃで
いきます。キムさんは？

なんで いきますか。

わたしは あるいて
いきます。

え！あるいて？

はい。
えびすは うちから
あるいて 10ぷん
ぐらいです。

そうですか。
じゃあ、にちようび。

6じに えびすえきで。

はい！

3-1

61

1

① 045

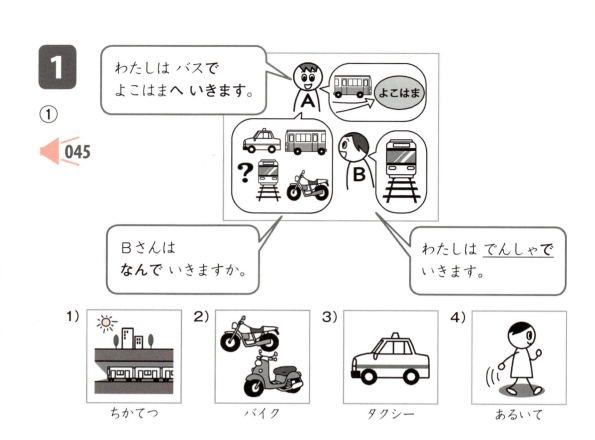

1) ちかてつ　2) バイク　3) タクシー　4) あるいて

②

A：らいしゅう きょうとへ いきます。
B：そうですか。
　　_____ いきますか。
A：_____ いきます。
B：そうですか。

③

A：にちようび
　　_____ いきます。
B：そうですか。
　　_____ いきますか。
A：_____ いきます。
B：そうですか。

④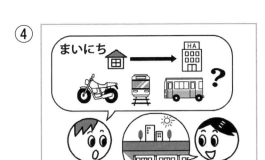

A：Bさん、まいにち かいしゃへ
　　_____ いきますか。

B：_____。

⑤

A：わたしは まいにち _____
　　がっこう____ きます。
　　BさんとCさんは _____か。

B：わたしは _____。

C：わたし_____。

⑥

A：Bさんは ここへ
　　_____ きましたか。

B：_____。
　　Aさんは？

A：_____。

B：そうですか。

2

①

1)
ビール・のみます

2)
おきなわ・いきます

3)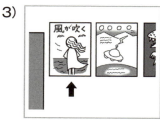
このえいが・みます

②

A：きょうは あついですね。
B：そうですね。アイスクリーム_____
　_____です。
A：わたしも _____です！

③

A：にほんで どこへ いきたいですか。
B：わたしは ほっかいどう_____
　_____。
　ゆきが _____たいです。
　Cさんは？
C：わたしは _____。

はなしましょう

できますか？

これも できますか？

☑ 目的地までの行き方を言ったり、聞いたりすることができる。
　You can ask and give directions to destinations.
☑ 自分がしたいことを言うことができる。
　You can explain what you want to do.

ことば・ひょうげん

いきます go ／にちようび Sunday ／でんしゃ train ／あるいて walk
うち house ／〜ふん、ぷん：5ふん、10ぷん 〜 minute(s): five minutes, ten minutes
ぐらい about ／〜じ：9じ 〜 o'clock: nine o'clock ／えき station

- -

バス bus ／ちかてつ subway ／バイク motorbike, motorcycle ／タクシー taxi
らいしゅう next week ／しんかんせん shinkansen, bullet train ／まいにち every day
かいしゃ company ／ここ here ／えいが movie ／みます see, watch ／きょう today
ゆき snow ／どようび Saturday

3-1

ぶんけい

1. [＿＿＿＿＿] は [＿＿＿＿＿] で [＿＿＿＿＿] へ { いきます / きます }

    マリーさんは でんしゃで えびすへ いきます。
    わたしは あるいて がっこうへ きます。

    [＿＿＿＿＿] は [＿＿＿＿＿] へ なんで { いきますか / きますか }
    ― [＿＿＿＿＿] で { いきます / きます }

    サラさんは かいしゃへ なんで いきますか。 ― ちかてつで いきます。
    キムさんは がっこうへ なんで きますか。 ― でんしゃで きます。

2. [＿＿＿＿＿] は [＿＿＿＿＿] たい です

    わたしは この えいがが みたいです。

    [＿＿＿＿＿] は [＿＿＿＿＿] たくない です

    わたしは がっこうへ いきたくないです。

Lesson 3 **2** バスは なんじに きますか

バスに のります
Taking the bus

シン：
すみません。
この ちかくに
バスていは ありますか。

おんなの ひとA：
はい。

あそこに
ゆうびんきょくが
ありますね。
あの ゆうびんきょくの
まえですよ。

あ、
ありがとうございます。

いいえ。

あのう、つぎの バスは
なんじに きますか。

3じ15ふんですね。
ありがとうございます。

おんなの ひとB：
えっと、3じ15ふん
ですよ。

いいえ。

すみません。
この バスは
ろっぽんぎへ
いきますか。

うんてんしゅ：
はい、いきますよ。

②

052

この ちかくに はなやは ありますか。

はい。あそこに さくらぎんこうが ありますね。
(はなやは) さくらぎんこうの となりですよ。

1)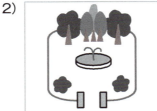
カフェ・となり

2)
こうえん・うしろ

3)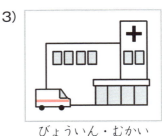
びょういん・むかい

③

A：すみません。この ちかくに ＿＿＿＿＿＿＿。
B：はい。あそこに
　　＿＿＿＿＿＿＿＿＿＿＿＿ね。
A：はい。
B：＿＿＿＿＿ ゆうびんきょくの
　　＿＿＿＿＿です。
A：そうですか。ありがとうございます。

④

A：すみません。この ちかくに
　　ちかてつの えきは ありますか。
B：ええ。あそこに
　　＿＿＿＿＿＿＿＿＿＿＿ね。
　　えきは ＿＿＿＿＿の
　　＿＿＿＿＿＿です。
A：ありがとうございます。

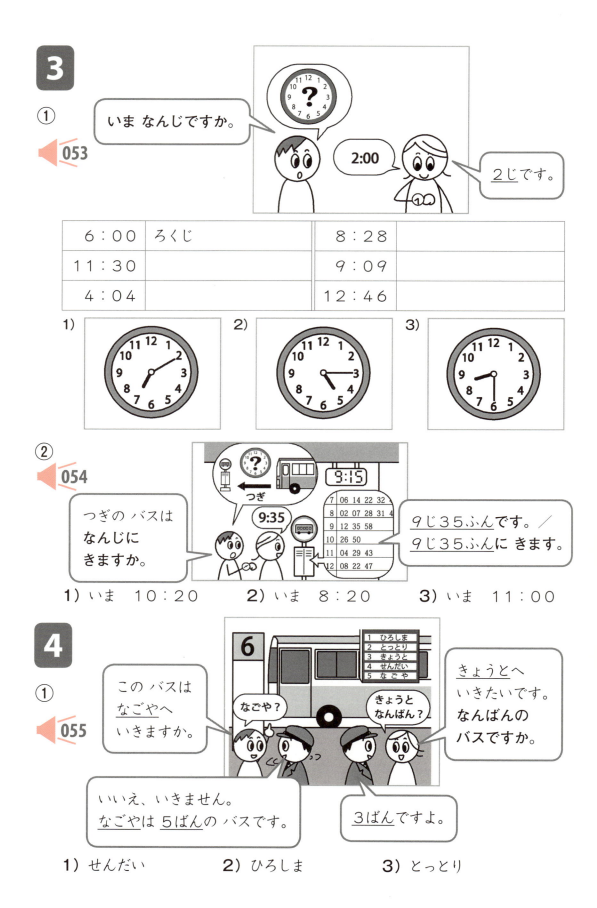

はなしましょう

できますか？

これも できますか？

- ☑ バス停や駅などがどこにあるか聞くことができる。★★★
  You can ask where the bus stop or train station are.
- ☑ バスの時間を聞くことができる。★★★
  You can ask about the bus times.
- ☑ バスの行き先を確かめることができる。★★★
  You can confirm where the bus is going.

ことば・ひょうげん

この ちかく nearby ／バスてい bus stop ／おんなの ひと woman
ゆうびんきょく post office ／いいえ No problem. ／つぎの next
えっと um ／うんてんしゅ driver

- -

ぼうえき trade ／〜や：ほんや 〜 shop: bookstore ／スーパー supermarket
コンビニ convenience store ／ぎんこう bank ／はなや flower shop ／カフェ cafe, coffee shop
こうえん park ／びょういん hospital ／むかい across ／ええ yes, yeah
デパート department store ／いま now
〜はん：11 じはん half past 〜, thirty: half past eleven, eleven thirty
〜ばん：5ばん number 〜: number five

ぶんけい

1. ここ・そこ・あそこ・どこ

   ゆうびんきょくは どこですか。 ― あそこです。
   「HAぼうえき」は どこですか。 ― そこです。

2. 　　　　　　　　に 　　　　　　　　が あります

   この ちかくに ゆうびんきょくは ありますか。
   　　 ― あそこに さくらぎんこうが ありますね。あの となりです。
   コンビニの むかいに きっさてんが あります。

3. なんじですか　 ― 　　　　　　　　です

   いま なんじですか。 ― 2じです。

   　　　　　　　　は なんじに きますか

   　 ― 　　　　　　　　に きます ／ 　　　　　　　　です

   つぎの バスは なんじに きますか。
   　　 ― 3じ15ふんに きます。 ／ 3じ15ふんです。

4. なんばんの 　　　　　　　　ですか ― 　　　　　　　　ばん です

   きょうとへ いきたいです。なんばんの バスですか。
   　　 ― 5ばんです。

Lesson3　3 なんばんせんですか

　でんしゃに のります
Taking the train

マリー：
すみません。
えびすまで いくら
ですか。

そうですか。

えきいん：
170えんです。

ここから えびすまで
どれぐらい
かかりますか。

20ぷんぐらい
です。

なんばんせんですか。

6ばんせんです。

わかりました。
ありがとうございます。

はい。もしもし。

キム：
もしもし。
マリーさん、いま
どこに いますか。

いけぶくろに います。
これから でんしゃに
のります。

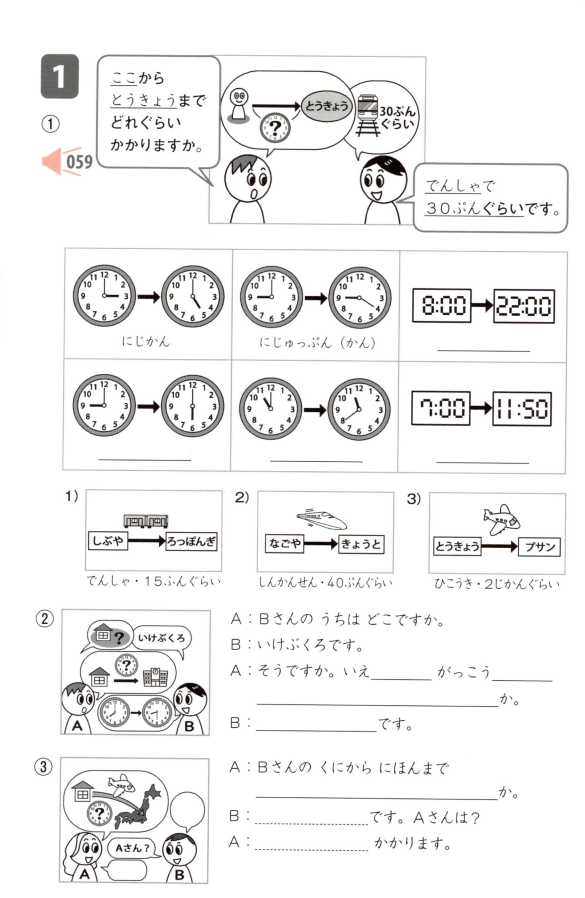

2

①

リさん、
いま どこに いますか。

ほんやに います。

1) タン
2) マリー
3) シン
4) ラマ

②

A：もしもし。Bさん、いま _____か。

B：あ、Aさん、こんにちは。わたしは いま みどりこうえん_____。Aさんは？

A：えき_____。これから そこへ いきますね。

③

A：すみません。リさんは いますか。

B：はい、_____。

A：どこに いますか。

B：コピーきの _____です。

A：ありがとうございます。

④

A：すみません。サラさんは ここに いますか。

B：いいえ、_____。
ロビーに _____。

はなしましょう

できますか? 　　これも できますか?

✔ 目的地までの電車の値段、かかる時間、乗り場などを聞くことができる。 ★★★
　You can ask about the price, travel time and platform.

✔ 自分がどこにいるか、言うことができる。 ★★★
　You can say where you are.

ことば・ひょうげん

～ばんせん：６ばんせん platform number ～: platform number six
えきいん station staff ／かかります take ／もしもし Hello.
これから from now ／のります ride

- -

～かん：２じかん for: two hours ／ひこうき airplane ／いえ house
コピーき photocopier, copy machine ／ロビー lobby

ぶんけい

1. ▢▢▢▢ から ▢▢▢ まで どれぐらい かかりますか

　― ▢▢▢▢ かかります／ ▢▢▢▢ です

ここから えびすまで どれぐらい かかりますか。
　―２０ぷん かかります。／ ２０ぷん です。

▢▢▢▢ から ▢▢▢ まで ▢▢▢▢ かかります

わたしの うちから がっこうまで １じかんぐらい かかります。

2. ▢▢▢ は どこに いますか ― ▢▢▢▢ に います

リさんは どこに いますか。― コピーきの まえに います。

アクティビティー

はなしましょう

とうきょうスカイツリー　　あきはばら　　あさくさ　　うえの

しらべましょう

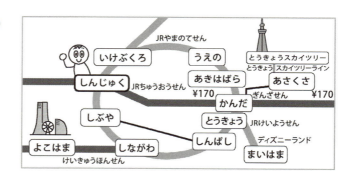

	どこへ？	どうやって？	いくら？
タンさん	あさくさ	しんじゅく ー かんだ ＪＲちゅうおうせん かんだ ー あさくさ ぎんざせん	１７０円 １７０円
わたし			

いいましょう

わたしは あさくさへ いきたいです。
しんじゅくから かんだまで ＪＲちゅうおうせんで いきます。
かんだから あさくさまで ぎんざせんで いきます。
ぜんぶで ３４０円 かかります。

よみましょう

いま とうきょうえきに います。これから しんかんせんに のります。

〈とうきょうえき〉

のりば	いきさき	じこく
21ばんせん	せんだい	07:32
20ばんせん	しんあおもり	07:30
22ばんせん	あきた	07:36
23ばんせん	せんだい	07:44
20ばんせん	もりおか	07:56
21ばんせん	せんだい	08:08
23ばんせん	やまがた	08:10

【しつもん1】 いま 7じ 15ふんです。

① あきたへ いきます。なんじに なんばんせんですか。＿＿＿＿＿＿＿＿＿＿＿＿＿＿

② しんあおもりへ いきます。なんじに なんばんせんですか。＿＿＿＿＿＿＿＿＿＿＿＿

【しつもん2】 いま 7じ 35ふんです。

① つぎの やまがたいきは なんじに なんばんせんですか。＿＿＿＿＿＿＿＿＿＿＿＿

② つぎの せんだいいきは なんじに なんばんせんですか。＿＿＿＿＿＿＿＿＿＿＿＿

かきましょう

れい) わたしは あるいて がっこうへ いきます。
　　　いえから がっこうまで 30ぷんぐらい かかります。
　　　じてんしゃを かいたいです。

わたしは、＿＿＿＿＿＿＿＿＿＿＿＿＿＿＿＿＿＿＿＿＿＿＿＿＿＿＿＿＿＿

Lesson 4

まいにち する ことを はなす
Talking about Daily Activities

1 あさ がっこうで べんきょうします

2 まいにち りょうりを しますか

3 まいしゅう つくります

Lesson4　1　あさ がっこうで べんきょうします

あさ せんせいと はなします
Talking with the teacher in the morning

ラマ：
おはようございます。

あおき：
おはようございます。

ラマさん、いつも
はやいですね。
なんじに
おきますか。

5じはんです。

へえ、5じはん！

はい。まいあさ
6じから 7じまで
ジョギングします。
その あと、
シャワーを あびます。
きもちが いいですよ。

そうですか。
いいですね。

じゃあ、また あとで。

はい。わたしは
これから 9じまで
べんきょうします。

がんばって ください。

1

べんきょうします

かきます

みます

ききます

よみます

かいます

きます

はなします

つくります

とります

かいものします

さんぽします

① 064

これから なにを しますか。
サッカーを します。

1)
ほん

2)
えいが

3)
カード

4)
おんがく

5)
しゃしん

②

A：これから ＿＿＿＿＿＿＿＿＿＿＿＿か。
B：わたしは ＿＿＿＿＿＿＿＿＿＿＿＿。
C：わたし＿＿＿＿＿＿＿＿＿＿＿＿＿＿。

③

1)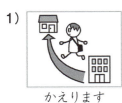
かえります

2) おきます

3) ねます

4) ばんごはんを
たべます

④

A：あした なにを しますか。
B：ごぜんは アルバイトを します。
　　_____は えいがを _____。
A：そうですか。

2

①

1)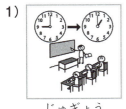
じゅぎょう

2)
アルバイト

3)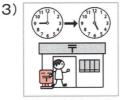
ゆうびんきょく

4)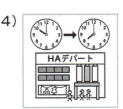
デパート

②

A：きょうは アルバイトですか？
B：はい。＿＿＿＿＿＿＿＿＿＿＿＿、
　　まいにち アルバイトを します。

③

A：あれ？ やすみですね。
B：あ、この みせは ＿＿＿＿＿＿＿
　　やすみです。

3

① 067

わたしは まいしゅう およぎます。
どこで およぎますか。
ジムの プールで およぎます。

1)
ショッピングを します・
しぶや

2)
ダンスの れんしゅうを します・
こうえん

3)
つりを します・
みどりがわ

②

A：しゅうまつ なにを しますか。
B：としょかん＿＿＿＿＿＿＿＿＿＿＿。
　　Aさんは？
A：わたしは ＿＿＿＿＿＿＿＿＿＿＿＿。

はなしましょう

できますか？

じゆうに はなしましょう

- ✔ 日常生活でしていることを言うことができる。★★★
  You can talk about your daily life.
- ✔ 何時にするか、何時から何時までするかを言うことができる。★★★
  You can talk about what time and for how long you do things.

85

ことば・ひょうげん

べんきょうします study ／いつも always ／はやい early ／おきます wake up ／へえ wow
まいあさ every morning ／ジョギングします jog ／その あと after that
シャワーを あびます take a shower ／きもちが いいです feel good
また あとで See you later. ／がんばって ください Please do your best.

- -

かきます write ／ききます listen ／よみます read ／かいます buy ／きます wear
はなします talk, speak ／（りょうりを）つくります cook ／（しゃしんを）とります take a picture
かいものします go shopping ／さんぽします go for a walk ／サッカー soccer
します do, play ／カード card ／おんがく music ／しゃしん photo
かえります go home, go back ／ねます sleep ／ばんごはん dinner ／あした tomorrow
ごぜん morning ／アルバイト part-time job ／ごご afternoon ／じゅぎょう lesson, class
あれ？ Hmm?, What? ／やすみ day off, closed ／みせ shop ／まいしゅう every week
およぎます swim ／ジム gym ／プール pool ／ショッピング shopping ／ダンス dance
れんしゅう practice ／つり fishing ／かわ river ／〜がわ：みどりがわ 〜 river: Midori River
しゅうまつ weekend ／としょかん library ／あさごはん breakfast ／ひ day

ぶんけい

1.   ます

あさ べんきょうします。
わたしは ５じはんに おきます。

   を   ます

よる テレビを みます。
よる なにを しますか。 ―ほんを よみます。

2.   から まで ます

まいにち ごぜん ９じから ごご ６じまで しごとします。
ラマさんは げつようびから きんようびまで まいにち べんきょうします。

3.   で ます

やすみの ひ、うちで おんがくを ききます。
わたしは こうえんで ジョギングします。

Lesson 4 ２ まいにち りょうりを しますか

ひるごはんを たべます
Eating lunch

いのうえ：
あ、これ、だれの
おべんとうですか。

リ：
わたしのです。

リさんの？
だれが つくりましたか。

わたしが
つくりました。

へえ、リさんが？

はい。

いのうえさんのは？

ははが つくりました。

そうですか。
いいですね。

リさん、まいにち
りょうりを しますか。

はい。
いまは します。

でも、まえは
しませんでした。
コンビニで よく
おべんとうを
かいました。

そうですか。

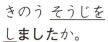

①
071

たべました		しました	
	ききませんでした		（ひとが）きませんでした
とりました		ねました	
	さんぽしませんでした		はなしませんでした

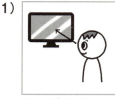
テレビを みます

しんぶんを よみます

せんたくします

でかけます

②

A：きのう、なにを ＿＿＿＿＿＿か。
B：わたしは サッカーを ＿＿＿＿＿＿。
C：わたしは うち＿＿＿＿＿＿＿。
　　Aさんは？
A：わたしは ともだちと
　　（でんわします→）＿＿＿＿＿＿。

③

A：これ、おみやげです。
　　せんしゅう ながのへ（いきます→）
　　＿＿＿＿＿＿。
B：そうですか。ながの＿＿＿ スキーを
　　＿＿＿＿＿＿か。
A：いいえ、＿＿＿＿＿＿。
　　おんせんに はいりました。
B：おんせん！いいですね。

2

① 072

だれが この えを かきましたか。
わたしが かきました。

1)

2)

3)

4)

②

A：あ！　＿＿＿＿＿　たべましたか。
B：Cさんです。
　　わたしじゃ ありません。

③

A：あした テストが ありますよ。
B：え、＿＿＿＿＿ いいましたか。
A：あおきせんせい＿＿＿＿＿。
B：そうですか。

3

① 🔊 073

これ、**だれの** かばんですか。

わたしのじゃ ありません。

マリーさんのです！

1)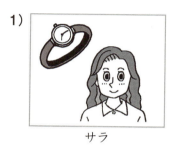
サラ

2)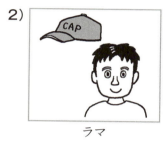
ラマ

3)
かわぐち

②

A：これ、_____ くつじゃ ありません。
　_____は あかい ___です。
てんいん：すみません。

はなしましょう

できますか? じゅうに はなしましょう

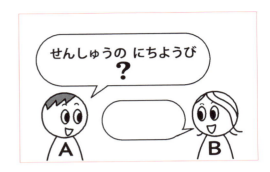

4-2

✅ 日常生活でしたことを言うことができる。
　You can talk about how you spent your day.
✅ だれがしたか、だれのものか、聞いたり、言ったりすることができる。
　You can ask or tell who did it, or who owns it.

ことば・ひょうげん

りょうり cooking ／(お)べんとう bento, lunch box, packed lunch ／はは mother
まえ before, earlier ／よく often

- -

きのう yesterday ／そうじ cleaning ／しんぶん newspaper
せんたくします wash, do the laundry ／でかけます go out ／(お)ともだち friend
でんわします call, phone ／(お)みやげ souvenir ／スキー ski
おんせんに はいります go in a hot spring ／え picture ／かきます draw, paint ／テスト test
いいます say

ぶんけい

4-2

1. ＿＿＿＿＿ました ／ ＿＿＿＿＿ませんでした
   きのう テレビを みました。
   きのう そうじを しませんでした。

2. だれが ＿＿＿＿＿か
   だれが この えを かきましたか。 — わたしが かきました。
   だれが いいましたか。 — あおきせんせいが いいました。

3. ＿＿＿＿の ＿＿＿＿ ＝ ＿＿＿＿の
   これは だれの かばんですか。 — わたしのです。
   だれの ぼうしですか。 — ラマさんのです。

92

Lesson4 ３ まいしゅう つくります

いっしょに つくります
Making food together

076

リ：
これ、どうぞ。

わたしが つくりました。

なかむら：
わあ、ギョーザ！

いのうえ：
え、リさんが？

はい。まいしゅう つくります。
こんどの どようび いっしょに つくりませんか。

なかむら・いのうえ：
はい！

なかむら：
わたしは やさいを きりますね。

おねがいします。
わたしたちは ギョーザの かわを つくりましょう。

いのうえ：
はい。

なかむら：
ほうちょうは どこに ありますか。

その ひきだしの なかに あります。

はい。

あ、なかむらさん、それ、ちょっと おおきいです。

すみません。

①

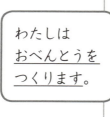
わたしは おべんとうを つくります。

じゃあ、わたしは のみものを もって いきます。

1)

2)

②

A・B・C：ごちそうさまでした。
A：Cさん、わたしは おさらを ＿＿＿＿＿＿＿＿＿。
B：わたしは ＿＿＿＿＿＿＿＿＿＿＿。
C：すみません。ありがとうございます。

③

A：さあ、かえりましょう。
B：はい。わたしは まど＿＿＿＿＿＿＿＿＿＿。
C：わたしは でんき＿＿＿＿＿＿＿＿＿＿＿＿。

④

せんせい：こんどの はっぴょうは
「にほんと わたし」ですね。
みなさんは にほんの
なにを はっぴょうしますか。
A：わたしは ＿＿＿＿＿の はなしを します。
B：わたしは ＿＿＿＿＿＿＿＿＿＿＿＿。
せんせい：がんばりましょう。

2

①

カレンダーは どこに ありますか。
テレビの よこに あります。

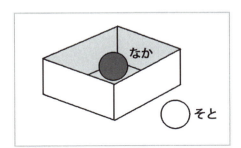
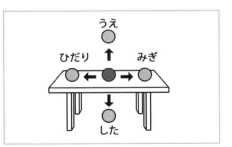

1)
カメラ

2) はさみ

3) はこ

4)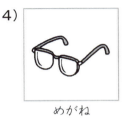
めがね

②

A：すみません。
　　にほんごの ほんは ＿＿＿＿＿＿＿＿。
てんいん：レジの ＿＿＿＿＿＿＿＿です。
A：あ、どうも。

③

A：すみません。ボールは ＿＿＿＿＿＿。
B：あの かご＿＿＿＿＿＿です。
A：あ、ありました。

④

A：ほんだなは どこが いいですか。
B：つくえ＿＿＿＿＿＿です。
A：わかりました。スタンドは？
B：まるい テーブル＿＿＿＿＿＿です。

はなしましょう

できますか？

これも できますか？

- ✔ 他の人といっしょに作業をするとき、自分が何をするか伝えることができる。★★★
  When doing something with other people, you can say what you will do.
- ✔ 道具がどこにあるか聞いたり、言ったりすることができる。★★★
  You can ask and answer questions about where a tool is.

ことば・ひょうげん

ギョーザ gyoza, dumplings ／こんどの next time ／いっしょに together ／きります cut
わたしたち we ／（ギョーザの）かわ dumpling skin ／ほうちょう knife ／ひきだし drawer
なか inside

- -

のみもの drink ／もって いきます take ／きっぷ ticket ／ホテル hotel
よやくします reserve, book ／ごちそうさまでした That was delicious., Thank you for the food.
（お）さら plate, dish ／あらいます wash ／ふきます wipe, dry ／さあ well, okay ／まど window
しめます close ／でんき power, lights ／けします turn off ／はっぴょう presentation
みなさん everyone, everybody ／はっぴょうします make a presentation
アニメ anime, animation ／はなし talk, conversation ／がんばりましょう Let's do one's best
カレンダー calendar ／よこ side, horizontal ／そと outside ／みぎ right ／ひだり left
うえ top ／した bottom ／カメラ camera ／はさみ scissors ／はこ box ／レジ register
かご basket ／ほんだな book shelf ／スタンド stand ／まるい round ／テーブル table
カレー curry ／ごみぶくろ trash bag

4 – 3

ぶんけい

1. わたしは 〔　　　　〕ます

　　わたしは やさいを きります。
　　わたしは そうじを します。

2. 〔　　　　　〕は どこに ありますか

　　― 〔　　　〕の 〔　　　〕に あります

　　はさみは どこに ありますか。　―つくえの うえに あります。
　　めがねは どこに ありますか。　―ひきだしの なかに あります。

97

アクティビティー

いいましょう

〈いのうえさんの いちにち〉

6:00	おきます
	ジョギングを します
7:00	あさごはんを たべます
7:30	かいしゃへ いきます
9:00	しごとを します
18:00	しごとが おわります
19:30	いえに かえります
20:00	ギターの れんしゅうを します
24:00	ねます

〈わたしの いちにち〉

___:___ おきます

___:___

___:___

___:___

___:___

___:___

___:___ ねます

わたしは まいにち 6じに おきます。
あさ ジョギングを します。
7じはんに かいしゃへ いきます
しごとは 9じから 6じまでです。
7じはんに いえに かえります。

しつもんしましょう

よる なにを しますか。

まいにちですか。

ギターの れんしゅうを します。

はい、まいにちです。

よみましょう

メールが きました。

サリさん、こんにちは。
とうきょうは まいにち いい てんきです。おおさかは どうですか。
わたしは らいしゅう おおさかへ いきます。おおさかで しごとを します。
でも、どようびは やすみです。わたしは サリさんと いっしょに しょくじを
したいです。サリさん、どようびは どうですか。
エレナ

エレナさん、メール、ありがとうございます。
わたしも どようびは やすみです。エレナさんに あいたいです。しょくじも
したいです。エレナさんは なにが たべたいですか。おいしい みせが
たくさん ありますよ。
サリ

【しつもん1】 だれが おおさかへ いきますか。　_____

【しつもん2】 いつ しょくじを しますか。　_____

【しつもん3】 エレナさんは この あと なにを しますか。　_____

かきましょう

れい）わたしは まいにち 8じに かいしゃへ いきます。しごとは 9じから
　　　6じまでです。よる うちで ちゅうごくごの べんきょうを します。

わたしは まいにち _____

Lesson 5

しょくじする

Having a Meal

1 いらっしゃいませ

2 ケーキに します

3 おいしいですね

Lesson 5 **1** いらっしゃいませ

 081

レストランへ いきます
Going to a restaurant

マリー：
おなかが すきましたね。
なにか たべに
いきませんか。

キム：
そうですね。
いきましょう。

てんいん：
いらっしゃいませ。
なんめいさまですか。

マリー：
ふたりです。

きんえんせきと
きつえんせきが
ありますが。

キム：
きんえんせき、
おねがいします。

では、こちらへ どうぞ。

1

①

コーヒーを のみませんか。
そうですね。のみましょう。

のみます	のみませんか	のみましょう
いきます		
みます		
さんぽします		

1) 2) 3)

②

A：Bさん、いっしょに しゃしんを ＿＿＿＿＿＿＿＿＿＿。
B：ええ、＿＿＿＿＿＿＿＿＿＿。

③

A：Bさん、どようび いっしょに みどりこうえんへ ＿＿＿＿＿＿＿＿＿＿。
B：すみません。どようびは ちょっと。

① 083

しぶやへ えいがを みに いきませんか。

いいですね。いきましょう。

みます	みに いきます	たべます	
とります		べんきょうします	

1) 　2) 　3)

②

A：いっしょに はなびを ＿＿＿＿＿＿＿＿。
B：ええ、＿＿＿＿＿ましょう。

③

A：こんにちは。
B：こんにちは。おでかけですか。
A：はい。くうこうへ ともだちを
　　（むかえます→）＿＿＿＿＿＿＿＿。
　　Bさんは？
B：わたしは ヨガを
　　（します →）＿＿＿＿＿＿＿＿。
A：そうですか。いってらっしゃい。

①

A: いい てんきですね。
　　どこ＿＿＿ いきませんか。
B: そうですね。
　　みどりこうえんは どうですか。
A: いいですね。いきましょう。

②

A: えきは ひだりですね。
B: え？ みぎですよ。
A: みぎ？ ほんとうですか。
B: だれ＿＿＿＿に ききましょう。

③

A: おなかが すきましたね。
B: そうですねえ。
　　＿＿＿＿＿＿＿＿＿ つくりましょう。

はなしましょう

できますか？ 　　これも できますか？

- ✔ 他の人を誘って飲食店に行くことができる。
  You can invite someone out to eat or drink.
- ✔ 飲食店に入って、人数と席の希望を店員に言うことができる。
  You can tell the restaurant how many people you are bringing and what seat you want.

ことば・ひょうげん

おなかが すきました be hungry ／なんめいさま How many people
きんえんせき non-smoking seat ／きつえんせき smoking seat ／では okay, well
こちら this way

- -

はなび fireworks ／おでかけ going out ／くうこう airport ／むかえます pick up
ヨガ yoga ／ほんとうです really ／ききます ask ／〜にん：3にん 〜 people: three people

ぶんけい

1. ＿＿＿＿＿＿ませんか ― ＿＿＿＿＿ましょう

   コーヒーを のみませんか。　┌ そうですね。のみましょう。
   　　　　　　　　　　　　　└ すみません。コーヒーは ちょっと。

2. ＿＿＿＿＿＿に いきます

   くうこうへ ともだちを むかえに いきます。
   しぶやへ えいがを みに いきませんか。　― いいですね。いきましょう。

3. なにか・どこか・だれか ＿＿＿＿＿＿

   おなかが すきましたね。なにか たべませんか。　― そうですね。
   あしたは やすみですね。どこか いきませんか。　― ええ、いきましょう。
   えきは どこですか。　― わかりません。だれかに ききましょう。

Lesson 5　2 ケーキに します

ちゅうもんします
Ordering

キム：
わあ、
いろいろ ありますね。
どれに しますか。

マリー：
わたしは チョコレート
ケーキにします。それと、
コーヒー。キムさんは？

そうですねえ…。

すみません。
「きょうの ケーキ」は
なんですか。

てんいん：
しょうしょう
おまちください。

わあ、これ、なんですか。

こちらです。

りんごの ケーキです。

じゃあ これに します。
コーヒーも
おねがいします。

マリー：
わたしは これと コーヒー、
ください。

てんいん：
はい。
「きょうの ケーキ」ひとつ、
チョコレートケーキ ひとつ、
コーヒー ふたつですね。

マリー、キム：
はい。

かしこまりました。

1

① 088

1) おちゃ　　2) みず　　3) りんごジュース

②

A：わあ、いろいろ ありますね。
　　どの アイスクリームに しますか。
B：そうですねえ…。これ_____。
　　Aさんは どれに しますか。
A：わたしは ストロベリー_____。

③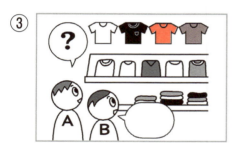

A：わあ、いろいろ ありますね。
　　どれ_____。
B：そうですねえ…。
　　------------------------------。

2

①

A：すみません。「きょうの ランチ」は
　　_____。
てんいん：チキンカレーです。

②

A：すみません。これ、_____。
てんいん：アボカド_____ てんぷらです。
A：へえ！

はなしましょう

できますか？ 　　じゆうに はなしましょう

✓ メニューを見て何を注文するか話すことができる。 ★★★
　You can talk about what you want on the menu.
✓ メニューを見てわからないものがあったとき、何か聞くことができる。 ★★★
　You can ask if you don't understand something on the menu.

ことば・ひょうげん

いろいろ many things, a lot of things, various things ／それと and
そうですねえ… Let's see ... ／しょうしょう おまちください One moment, please. ／こちら this
かしこまりました Understood.

- -

おちゃ green tea ／ストロベリー strawberry ／ランチ lunch
チキン chicken ／アボカド avocado ／てんぷら tempura ／スパゲッティー spaghetti
とうふ tofu ／ハンバーグ hamburger steak ／メニュー menu ／カレーライス curry and rice
ピザ pizza ／ラーメン ramen ／そば soba, buckwheat noodles

ぶんけい

1. どれに しますか ― （わたしは）　　　　　　　　　に します

   どれに しますか。 ― わたしは コーヒーに します。
   どの アイスクリームに しますか。 ― ストロベリーに します。

2. 　　　　　　　は なんですか ― 　　　　　　　です

   「きょうの ランチ」は なんですか。 ― チキンカレーです。
   これ、なんですか。 ― りんごの ケーキです。

Lesson5　3 おいしいですね

すしを たべます
Eating sushi

シン：
いただきます。

いのうえ：
いただきます。

すみません。しょうゆ、
とって ください。

はい、どうぞ。

ありがとうございます。

わあ！
おいしいですね。

そうですね。

でも、からい！
これは なんですか。

それは わさびです。

ああ、わさびですか。
とても からいですね。
みずが ほしいです。

すみません。
みず、ください。

1
①

あまい　　からい　　すっぱい　　にがい　　しおからい

あまいです	あまくないです	からいです	
にがいです		すっぱいです	

②

A：この コーヒー、＿＿＿＿＿＿＿＿＿です。
B：ここに さとうと ミルクが ありますよ。どうぞ。

③

A：わたしの くにの りょうりは からいです。
　　Bさんの くにの りょうりも ＿＿＿＿＿＿＿か。
B：いいえ、＿＿＿＿＿＿＿＿＿。

2

①
A：それ、Bさんが つくりましたか。
B：はい、つくりました。＿＿＿＿、
　　＿＿＿＿＿＿＿＿。
A：え、そうですか。

②
A：なつやすみ、いっしょに おきなわへ
　　いきませんか。
B：おきなわ、いいですね。いきたいです。
　　でも、おかねが ＿＿＿＿＿＿＿＿。
A：じゃあ、この ちかくの うみへ
　　いきましょう。

③
A：たなかさんに でんわしましたか。
B：はい。でも、（でます →）＿＿＿＿＿。

3

たんじょうびに なにが ほしいですか。
パソコンが ほしいです。

①
A：これ、いいですね。わたしは
　　この じてんしゃ＿＿＿＿＿。
　　Bさんは？
B：わたしは バイク＿＿＿＿＿。

②
A：いま、なにが ほしいですか。
B：わたしは おかねが
　　＿＿＿＿＿＿＿＿。
C：わたしは ＿＿＿＿＿＿＿＿＿＿＿。

はなしましょう

できますか？ これも できますか？

- ☑ 食べ物の味がどうかを言うことができる。★★★
  You can talk about how the food tastes.
- ☑ ほしいものを言うことができる。★★★
  You can express what you want.

ことば・ひょうげん

いただきます Let's eat. ／しょうゆ soy sauce ／とって ください Pass ..., please.
からい spicy, hot ／わさび wasabi ／とても very, really

- -

いちご strawberry ／あまい sweet ／すっぱい sour ／にがい bitter ／しおからい salty
さとう sugar ／ミルク milk ／なつやすみ summer holiday ／おかね money
（でんわに）でます answer the phone ／（お）たんじょうび birthday ／（お）はし chopsticks
ふきのとう butterbur sprout ／たらこ salted roe

ぶんけい

1. 〔　　　　　〕は〔　　　　　〕です

　この いちごは あまいです。
　わたしの くにの りょうりは からいです。

2. 〔　　　　　〕。でも、〔　　　　　〕

　この りょうりは とても からいです。でも、おいしいです。
　なつやすみ、いっしょに おきなわへ いきませんか。
　　　── いいですね。でも、おかねが ありません。

3. わたしは〔　　　　　〕が ほしいです

　いま なにが ほしいですか。── わたしは パソコンが ほしいです。

5
-
3

115

アクティビティー

はなしましょう

とんかつ	ステーキ	ラーメン	カレー	ぎゅうどん

てんぷら	やきとり	わしょく	ちゅうか	ようしょく

しょうかいしましょう

わたしの うちの ちかくに とんかつの みせと ステーキの みせと わしょくの みせが あります。きのう わたしは わしょくの みせへ いきました。

しつもんしましょう

なにを たべましたか。

やきざかなを たべました。ビールも のみました。やきざかなは おいしいです。

よみましょう

ハンバーガーショップへ ひるごはんを たべに いきました。

 あきです！ おいしい ハンバーガーを どうぞ！

ハンバーガー	1つ 280円　2つ 500円　3つ 700円	
タフ・バーガー　にくが いっぱい		400円
ビタミン・バーガー　やさいが いっぱい		350円
コーヒー、こうちゃ、ジュース、ウーロンちゃ		100円
アイスクリーム		150円

A：あ、ハンバーガーが 3つ 700円ですよ。いっしょに たべませんか。

B：ごめんなさい。わたしは やさいが いっぱいのが いいです。

C：わたしは ハンバーガーと アイスクリームに します。

A：じゃあ、ハンバーガーは 2つですね。のみものは なにに しますか。
　　わたしは コーヒー。

B：わたしは ジュースに します。

【しつもん1】 3にんは なにを かいますか。＿＿＿＿＿＿＿＿＿＿＿＿＿＿

【しつもん2】 ぜんぶで いくらですか。＿＿＿＿＿＿＿＿＿＿＿

かきましょう

れい） わたしは かいしゃの ちかくの みせで ひるごはんを
　　　たべます。きのうは タイりょうりの みせへ いきました。
　　　タイの りょうりが たくさん あります。きのうは
　　　ガパオを たべました。おいしかったです。

わたしは ひるごはんを ＿＿＿＿＿＿＿＿＿＿＿＿＿＿＿＿＿＿

Lesson 6
よていや した ことを はなす
Talking about Plans and What You Did

1 りょこうします

2 きょうとは どんな ところですか

3 りょこうは どうでしたか

Lesson 6 1 りょこうします

◀ 097　　**れんきゅうの よていを はなします**
Talking about plans for a holiday

タン：
たなかさん、
れんきゅうは
なにを しますか。

たなか：
きょうとへ 行きます。
きょうとで おまつりを
見ます。

きょうと？
きょうとは とおいですか。

あまり とおくないです。
しんかんせんで 2じかん
ぐらいですよ。

そうですか。

タンさんは どこか
行きますか。

いいえ、
どこも 行きません。

しけんが ありますから、
うちで べんきょうします。

そうですか。
たいへんですね。

1

とおい	ちかい	いい	わるい
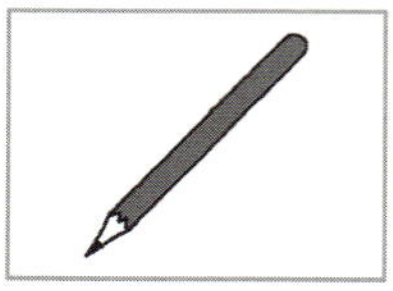 ながい	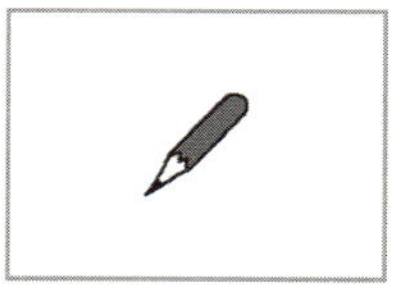 みじかい	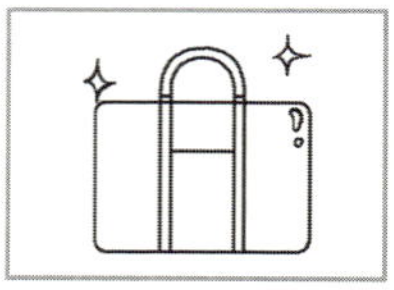 あたらしい	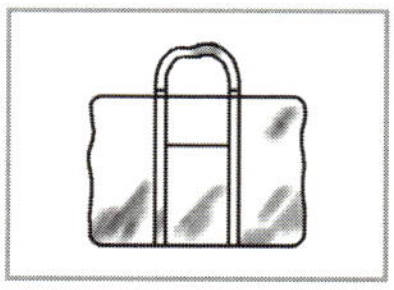 ふるい
 おおい	 すくない	 はやい	 おそい
 おもしろい	 たのしい	 むずかしい	 いそがしい

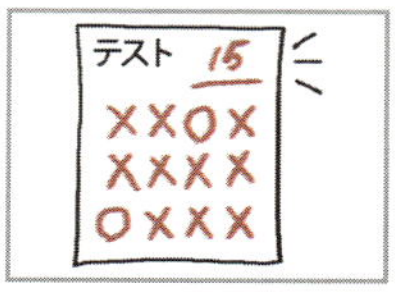

① 098

そのケーキは おいしいですか。 — はい、おいしいです。
いいえ、おいしくないです。

あついです			よくないです
	わるくないです		とおくないです
すくないです		おおいです	
たのしいです			あたらしくないです

1) このテストは むずかしいです

2) みどりえきは ちかいです

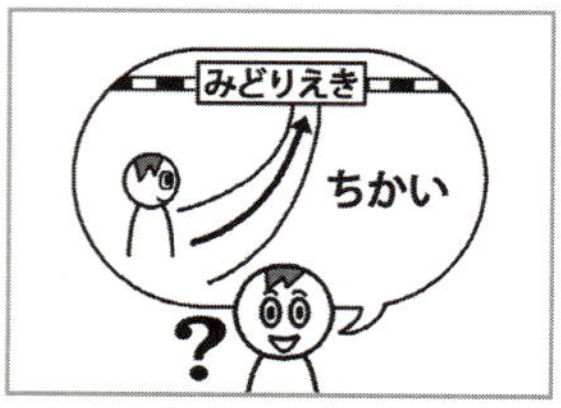

3) いま いそがしいです

2

①

ちかいですから、あるいて 行きます。
そうですか。

1)

にもつが おもいです
タクシーで 行きます

2)

あねが けっこんします
国へ かえります

3)

しごとが おわりました
かえります

②

A：先生、
　　はが いたいです_____、
　　かえりたいです。
先生：そうですか。わかりました。

③

A：どこへ 行きたいですか。
B：わたしは おきなわへ 行きたいです。
　　ダイビングが _____から。

④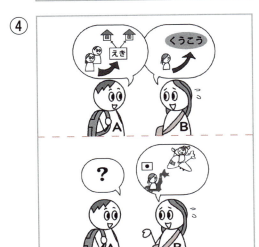

A：Bさん、いっしょに かえりましょう。
B：すみません。これから くうこうへ
　　行きます。
A：え、どうしてですか。
B：国の ともだちが
　　日本に _____から。

3

①
A：大きい はこですね。
　　なかに なにか ありますか。
B：いいえ、＿＿＿＿＿＿＿＿＿＿＿＿。

②
A：Bさん、どこ＿＿＿ 行きませんか。
B：そうですね…。
　　でも、あめですよ。
　　どこ＿＿＿ 行きたくないです。

③
A：＿＿＿＿＿か たべませんか。
B：え！いまですか。
A：ええ。おなかが すきました。
　　けさ ＿＿＿＿＿も ＿＿＿＿＿＿から。

④
A：きのう、デパートへ 行きました。
B：そうですか。なにか かいましたか。
A：なにも ＿＿＿＿＿＿＿＿＿＿＿＿。

⑤
A：先生、きょうしつに
　　＿＿＿＿＿＿＿＿＿＿＿＿よ。
先生：きょうは たいふうですから、
　　　がっこうは やすみですよ。

はなしましょう

できますか？

じゆうに はなしましょう

☑ 休みの予定を聞いたり、言ったりすることができる。★★★
　You can ask and answer questions about holiday plans.
☑ 簡単に理由を言うことができる。★★★
　You can express simple reasons.

ことば・ひょうげん

りょこうします travel ／れんきゅう long weekend, long holiday ／(お)まつり festival
とおい far ／あまり not really, not very ／しけん test ／たいへんですね That sounds tough.

- -

ちかい close, near ／いい good ／わるい bad ／あたらしい new ／ふるい old
おおい a lot, many ／すくない few ／はやい fast ／おそい slow ／たのしい fun
むずかしい difficult, hard ／いそがしい busy ／にもつ luggage, baggage ／あね older sister
けっこんします get married ／おわります finish ／は tooth ／いたい hurt
ダイビング diving ／どうしてですか Why is that? ／へや room ／けさ this morning
きょうしつ classroom ／たいふう typhoon ／やま mountain ／のぼります climb
ＤＶＤ DVD ／かります rent, borrow
ディーブイディー

ぶんけい

1. 　　　　　　　い ですか　┌ はい、　　　　　　い です
　　　　　　　　　　　　　　└ いいえ、　　　　　　く ないです

　　その ケーキは おいしいですか。　┌ はい、おいしいです。
　　　　　　　　　　　　　　　　　　└ いいえ、おいしくないです。

　　みどりえきは とおいですか。　┌ はい、とおいです。
　　　　　　　　　　　　　　　　　└ いいえ、とおくないです。

2. 　　　　　　　から、　　　　　　　

　　しけんが ありますから、うちで べんきょうします。
　　あねが けっこんしますから、国へ かえります。
　　　　　　　　　　　　　　　くに

3. どこも・なにも・だれも 　　　　　　ません

　　日よう日は どこも 行きません。うちで べんきょうします。
　　にち び　　　　　　い
　　あさ なにも たべませんでした。
　　きょうしつに だれも いません。

Lesson 6 2 きょうとは どんな ところですか

りょうこうさきを しょうかいします
Introducing travel spots

タン：
きょうとは どんな ところですか。

たなか：
ふるい まちです。
おてらが たくさん あります。

そうですか。

あ、それは ゆうめいな おてらですね。

ここに しゃしんが ありますよ。

きんかくじです。

わあ、これ、きれいな にわですね。

ええ。

これも ゆうめいな おてらですか。

いいえ、あまり ゆうめいじゃ ありません。でも、とても きれいです。

いいですね。

そうですか。
わたしも 行きたいです。

おいしい たべものも いろいろ ありますよ。
まっちゃの おかしが にんきが あります。

1

げんきな 人　　しんせつな 人　　へんな かお　　べんりな もの

たいせつな もの　　ひまな じかん　　たいへんな しごと　　かんたんな かんじ

 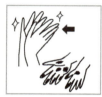  

きれいな はな　　きれいな て　　にぎやかな まち　　しずかな まち

すきな たべもの　　きらいな たべもの　　じょうずな 人　　へたな 人

① 104

A: これは だれですか。
B: さかもと りょうまです。ゆうめいな 人です。

1)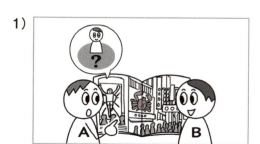

どうとんぼり・にぎやかです

2)

ちらしずし・かんたんです

2

① 105

1)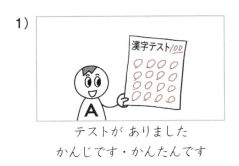
テストが ありました
かんじです・かんたんです

2)
ホテルを よやくしました
あたらしいです・きれいです

②

A：あれ？ とけいが ありません。
B：え？ _____ とけいですか。
A：(しかくいです →)_____ とけいです。
　　そふの プレゼントです。
B：(たいせつです →)_____
　　とけいですね。

③

A：Bさんは どこから きましたか。
B：_____ です。
A：_____ は _____ ところですか。
B：_____。

3

① 106

べんりです		じょうずです	
	かんたんじゃ ありません かんたんじゃ ないです		へんじゃ ありません へんじゃ ないです
たいへんです		しんせつです	
きらいです			ゆうめいじゃ ありません ゆうめいじゃ ないです

1)
にほんご・かんたん

2)
スポーツ・すきです

②

A：Bさん、コップを 2つ ください。
B：はい。あれ？ この コップは
　　_____。
いま、あらいます。

4

ソウルの 1がつは さむいですか。

 107

はい、とても さむいです。

とても さむい　さむい　ちょっと さむい　あまり さむくない　さむくない

①

A：その カメラ、いいですか。
B：いいえ、あまり _____。

はなしましょう

できますか？

これも できますか？

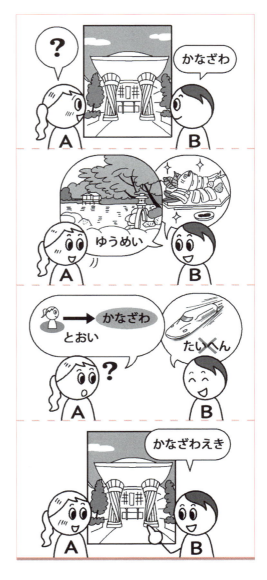

- ✅ 旅行先がどんなところか聞いたり、言ったりすることができる。
  You can ask and answer questions about travel spots.
- ✅ 旅行先の名産品を簡単に紹介することができる。
  You can talk about what's famous about travel spots.

ことば・ひょうげん

ところ place ／ まち town ／ （お）てら temple ／ たくさん a lot, many
ゆうめい（な）famous ／ きれい（な）pretty ／ にわ yard ／ たべもの food
まっちゃ Matcha, powdered green tea ／ おかし candy, snacks ／ にんきが あります It's popular.

- -

げんき（な）lively, energetic ／ しんせつ（な）nice, friendly ／ へん（な）strange ／ かお face
べんり（な）convenient ／ もの things ／ たいせつ（な）important ／ ひま（な）free, open
じかん time ／ たいへん（な）difficult, hard, tough ／ かんたん（な）easy, simple
かんじ Kanji, Chinese characters ／ きれい（な）clean ／ て hand
にぎやか（な）lively, bustling ／ しずか（な）quiet ／ すき（な）favorite ／ きらい（な）hate
じょうず（な）good at ／ へた（な）bad at ／ ちらしずし scattered sushi ／ しかくい square, cubed
そふ grandfather ／ プレゼント present, gift ／ スポーツ sports
しゅっちょうします make a business trip ／ （お）しろ castle ／ たてもの building
びじゅつかん art musuem ／ みそかつ fried pork cutlet with miso saurce

ぶんけい

1.　　　　　　　　な

ゆうめいな おてらが たくさん あります。
ちらしずしは かんたんな りょうりです。

2. どんな 　　　　　　ですか ― 　　　い 　　　　　　です

　　　　　　　　　　　　　　― 　　　　　な 　　　　　です

どんな まちですか。 ― ふるい まちです。
　　　　　　　　　― にぎやかな まちです。

3.　　　　　　　　です

　　　　　　　じゃ ありません ／ 　　　　　　じゃ ないです

この コップは きれいです。その コップは きれいじゃ ありません。
スポーツ、すきですか。 ― いいえ、すきじゃ ないです。

4. とても

わたしの 国の 1がつは とても さむいです。
<ruby>国<rt>くに</rt></ruby>

ちょっと

わたしの アルバイトは ちょっと たいへんです。

あまり 　　　　ません ／ 　　　　ないです

この おてらは あまり ゆうめいじゃ ありません。

Lesson 6　3　りょこうは どうでしたか

りょこうの かんそうを いいます
Giving impressions of a trip

たなか：
ただいま。

たのしかったです。

タン：
おかえりなさい。
りょこうは どうでしたか。

そうですか。
よかったですね。

でも、てんきが
よくなかったです。

いいえ、あめは
ふりませんでした。

ああ、あめでしたか。

よかったですね。

はい。
たくさん とりました。

しゃしんを とりましたか。

はい。とても
にぎやかでした。

わあ！
人が おおいですね。
おまつりですか。

これ、おみやげです。
どうぞ。

あ！まっちゃの
おかしですね。
ありがとうございます。

1

① 111

きのうの パーティーは たのしかったですか。

はい、たのしかったです。

いいえ、たのしくなかったです。

あついです			あつくなかったです
	おいしくないです		
		いそがしかったです	
いいです			

1)
きのうの テスト・
むずかしいです

2)
この えいが・
おもしろいです

3)
日よう日、アルバイト・
いそがしいです

②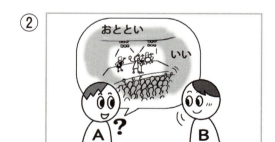

A：おとといの コンサート、
　（いいです →）＿＿＿＿＿＿＿か。
B：はい、とても ＿＿＿＿＿＿＿＿。
　つぎは いっしょに 行きましょう。

③

A：せんげつの りょこう、
　（たのしいです →）＿＿＿＿＿か。
B：はい、＿＿＿＿＿＿。でも、とても
　（あついです →）＿＿＿＿＿＿＿。
A：そうですか。

①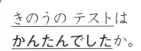

きのうの テストは かんたんでしたか。
はい、かんたんでした。
いいえ、かんたんじゃ ありませんでした。

げんきです	げんきじゃ ありません げんきじゃ ないです		げんきじゃ ありませんでした げんきじゃ なかったです
		ひまでした	
きれいです			
がくせいです			

1)
てんいん・しんせつです

2)
きのうの しごと・たいへんです

3)
アルバイト・やすみです

②

A：きのうは はなび_____ね。
　　見ましたか。
B：ええ。見ました。
　　とても（きれいです→）_____ね。

③

A：しゅうまつ どこか 行きましたか。
B：いいえ。
　　（しごとです→）_____。
　　いそがしかったです。

3

①

A：にちようび、ひっこしました。
B：そうですか。あたらしい へやは
　　_____。
A：ひろいです。

②

A：Bさんの しごとは どうですか。
B：_____。

③

A：せんしゅうの パーティーは
　　どうでしたか。
B：(たのしいです →)_____。
C：とても (にぎやかです →)
　　_____。
D：あまり (おもしろくないです →)
　　_____。

④

A：パーティーの りょうりは どうでしたか。
B：あまり _____。

はなしましょう

できますか？

じゆうに はなしましょう

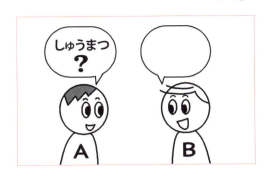

- ☑ 旅行先で何をしたか聞いたり、言ったりすることができる。★★★
  You can ask and answer questions about how a trip was.
- ☑ 旅行の感想を聞いたり、言ったりすることができる。★★★
  You can say what you thought of a place.

ことば・ひょうげん

りょこう travel, trip ／ただいま I'm back., I'm home.
おかえりなさい Welcome back[home]. ／あめが ふります rain

- -

パーティー party ／おととい the day before yesterday, two days ago ／コンサート concert
せんげつ last month ／ひっこします move ／ひろい big, wide, spacious
ゆきまつり snow festival

ぶんけい

1. **[   ] かった です**

   きのうの パーティーは たのしかったです。

   テストは むずかしかったですか。 ― はい、とても むずかしかったです。

   [   ] くなかった です

   テストは あまり むずかしくなかったです。

   アルバイトは いそがしかったですか。 ― いいえ、いそがしくなかったです。

2. **[   ] でした**

   [   ] じゃ ありませんでした ／ [   ] じゃ なかったです

   テストは かんたんでしたか。 ┌ はい、かんたんでした。
   └ いいえ、かんたんじゃ ありませんでした。

   アルバイトは やすみでしたか。 ┌ はい、やすみでした。
   └ いいえ、やすみじゃ なかったです。

3. **[   ] は どうですか**

   にほんごの べんきょうは どうですか。 ― おもしろいです。

   しごとは どうですか。 ― たいへんです。

   [   ] は どうでしたか

   パーティーは どうでしたか。 ― たのしかったです。

   パーティーの りょうりは どうでしたか。 ― あまり おいしくなかったです。

アクティビティー

はなしましょう

どこへ 行きたいですか。

ひろしまへ 行きたいです。

ひろしまですか。
どんな ところですか。

げんばくドームが あります。
ゆうめいな じんじゃも あります。

しょうかいしましょう

わたしは きょねん ひろしまへ 行きました。
ひろしまで いつくしまじんじゃを 見ました。
いつくしまじんじゃは うみの なかに ありました。とても きれいでした。

わたしは＿＿＿＿＿＿へ 行きました。…

よみましょう

リチャードさんが にっきを かきました。

> 5月14日 日よう日
>
> きょうは とても いい てんきだった。キムさんと はこねへ 行った。はこねは おんせんが たくさん ある。わたしたちは はこねゆもとえきの りょこうあんないしょで「どの おんせんが いいですか」と きいた。かかりの 人は とても しんせつだった。わたしたちは かかりの 人の にほんごが わかった。とても うれしかった。はじめに わたしたちは ケーブルカーで やまの うえへ 行った。やまの うえに おんせんが あった。おんせんの おゆは しろかった。その あと、はこねゆもとに もどった。こんどは はこねゆもとの おんせんに はいった。はこねゆもとの おんせんの おゆは しろくなかった。でも、とても きもちが よかった。

【しつもん1】
どんな じゅんばんで 行きましたか。

【しつもん2】
はこねで なにを しましたか。

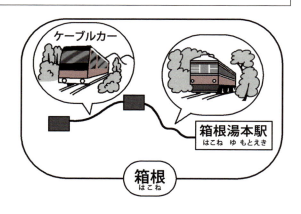

かきましょう

にっきを かきましょう！

_____年 ____月 ____日

きょうは _____

コラム1　かぞえかた

	⚾🍰	📄👕	💻🚗	📖✈️	🧦👞
1	いっこ	いちまい	いちだい	いっさつ	いっそく
2	にこ	にまい	にだい	にさつ	にそく
3	さんこ	さんまい	さんだい	さんさつ	さんぞく
4	よんこ	よんまい	よんだい	よんさつ	よんそく
5	ごこ	ごまい	ごだい	ごさつ	ごそく
6	ろっこ	ろくまい	ろくだい	ろくさつ	ろくそく
7	ななこ	ななまい	ななだい	ななさつ	ななそく
8	はちこ・はっこ	はちまい	はちだい	はっさつ	はっそく
9	きゅうこ	きゅうまい	きゅうだい	きゅうさつ	きゅうそく
10	じゅっこ	じゅうまい	じゅうだい	じゅっさつ	じゅっそく
?	なんこ	なんまい	なんだい	なんさつ	なんぞく

	☂🖊	🥛🍜	🐕🐟	🧍	🍰🪑
1	いっぽん	いっぱい	いっぴき	ひとり	ひとつ
2	にほん	にはい	にひき	ふたり	ふたつ
3	さんぼん	さんばい	さんびき	さんにん	みっつ
4	よんほん	よんはい	よんひき	よにん	よっつ
5	ごほん	ごはい	ごひき	ごにん	いつつ
6	ろっぽん	ろっぱい	ろっぴき	ろくにん	むっつ
7	ななほん	ななはい	ななひき	ななにん	ななつ
8	はっぽん	はっぱい	はっぴき	はちにん	やっつ
9	きゅうほん	きゅうはい	きゅうひき	きゅうにん	ここのつ
10	じゅっぽん	じゅっぱい	じゅっぴき	じゅうにん	とお
?	なんぼん	なんばい	なんびき	なんにん	いくつ

Lesson 7

友だちと 話す①
とも　　　　はな

Talking with Friends (1)

1 しゅうまつ、なに する？

2 わたしは 行かない
い

3 これ、なに？

Lesson 7　1　しゅうまつ、なに する？

しゅうまつの はなしを します
Talking about the weekend

あおき：
あしたは お休みですね。
さようなら。

タン・キム：
さようなら。

ラマさん、しゅうまつ
なにを しますか。

ラマ：
わたしは タンさんと
サッカーを します。

土よう日に ジャズの
コンサートに 行きます。

先生は？

いいですね。

マリー：
ねえ、しゅうまつ、
なに する？

ラマ：
ぼくは タンさんと
サッカー する。

マリーさんは？

わたしは キムさんと
いっしょに カラオケに
行く。

カラオケ！いいね。

1

① 🔊117

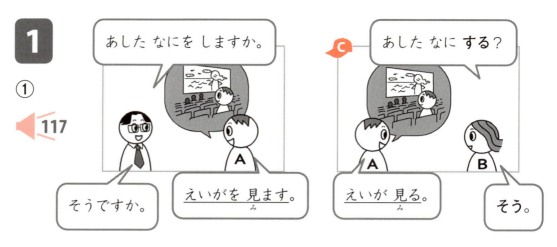

いきます	1	いく	ねます		
のみます			います		
あります			せつめいします		
はなします			(がっこうへ)きます		

1)
本を よみます

2)
友だちに 会います

3)
バーベキューを します

4)
アルバイトを します

② 🔊118

1)
すわります

2)
CDを ききます

3)
あそこで しゃしんを とります

4)
さんぽします

③
A：Bさん、これ、(よみます→)＿＿＿＿＿？
B：うん、＿＿＿＿。ありがとう。

④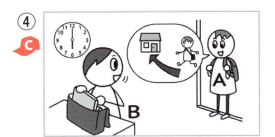
A：さきに (かえります→)＿＿＿＿よ。
B：あ、わたしも＿＿＿＿。

⑤
A：この ちかくに コンビニ＿＿＿＿？
B：さくらぎんこうの まえに＿＿＿＿よ。
A：ありがとう。

2

①

1)
コンサート

2)
かいもの

3)
カラオケ

4)
ゴルフ

②
A：こんどの れんきゅう、どこかに ＿＿＿＿？
B：うん、ながのへ ＿＿＿＿＿＿＿＿。
A：いいね。

はなしましょう

できますか？ 　　これも できますか？

- ☑ 週末の予定を先生に聞いたり、言ったりすることができる。 ★★★
  You can talk about weekend plans with your teacher.
- ☑ 週末の予定を友だちに聞いたり、言ったりすることができる。 ★★★
  You can talk about weekend plans with your friends.

ことば・ひょうげん

ジャズ Jazz ／ねえ hey ／ぼく I ／カラオケ Karaoke

- -

せつめいします explain ／会います meet ／バーベキュー barbeque ／うん yeah
すわります sit ／ＣＤ CD ／さきに ahead, first ／（お)はなみ flower viewing
かいもの shopping ／ゴルフ golf ／キャンプ camp ／ミュージカル musical
いそぎます hurry (up) ／まちます wait ／よびます call ／あけます open ／おります get off

ぶんけい

〈どうしの グループ〉

ら	や	ま	は	な	た	さ	か	あ
り		み	ひ	に	ち	し	き	い
る	ゆ	む	ふ	ぬ	つ	す	く	う
れ		め	へ	ね	て	せ	け	え
ろ	よ	も	ほ	の	と	そ	こ	お

1グループ (i-masu)		2グループ (e-masu, *i-masu)		3グループ
かきます	いきます	たべます	ねます	します
いそぎます	はなします	あけます	しめます	べんきょうします
まちます	よみます	*みます	*います	せつめいします
とります	あいます	*(シャツを)きます		きます
よびます		*おきます	*かります	
		*おります	*あびます	

7
–
1

145

1. 〈じしょ形〉

1グループ	かきます ⇒ かく かいます ⇒ かう
2グループ	たべます ⇒ たべる みます ⇒ みる （シャツを）きます ⇒ きる
3グループ	します ⇒ する きます ⇒ くる

か
き ます
く
け
こ

先生：コンサートに 行きますか。 ― 学生：はい、行きます。
学生Ａ：コンサート、行く？ ― 学生Ｂ：うん、行く。
先生：この ちかくに コンビニ、ありますか。 ― 学生：はい、あります。
学生Ａ：この ちかくに コンビニ、ある？ ― 学生Ｂ：うん、ある。

2. 　　　　　　　　に 行きます

先生：ごご なにを しますか。 ― 学生：かいものに 行きます。
学生Ａ：あした どこか 行く？ ― 学生Ｂ：うん。おはなみに 行く。

Lesson7 ② わたしは 行かない

バーベキュー大会の ポスターを 見て います
Looking at a poster of a barbeque party

あおき：
日よう日は
バーベキュー大会ですね。
タンさん、行きますか。

タン：
はい、行きます。

わたしも 行きます。
たのしみですね。

先生は？

マリー：
日よう日、
バーベキュー大会だね。
行く？

タン：
うん、行く。

キム：
わたしは 行かない。

え、行かないの？
どうして？

アルバイトが あるから。

タン：
そう。

1

①

たべます	2	たべない	みます		
いきます			あけます		
はなします			あびます		
よびます			かります		
あります			さんぽします		
かいます			（がっこうへ）きます		

②

A：あしたも（来ますか→）＿＿＿＿＿＿？
B：うん、＿＿＿＿＿＿＿＿。Cさんは？
C：わたしは（来ません→）＿＿＿＿＿＿。

③

A：（さんぽしますか→）＿＿＿＿＿＿？
B：ううん、（しません→）＿＿＿＿＿。
A：じゃあ、なに＿＿＿＿＿＿？
B：まんが（よみます→）＿＿＿＿＿。

④

A：あ、ジュース！
　　お金（あります か→）＿＿＿＿＿＿？
B：ううん、（ありません→）＿＿＿＿＿。
C：わたしも ＿＿＿＿＿。ごめんね。

2

①

A・C：コーヒー、のみに（行きませんか→）
　　　　＿＿＿＿＿？
B：うん、＿＿＿＿＿。

②

A：これ（たべませんか→）＿＿＿＿＿？
B：え？ あ、チョコレート。
　　ありがとう。

3

①

A：土よう日 うみに 行かない？
B：あ、土よう日は ちょっと…。
A：え、＿＿＿＿＿＿＿＿＿＿？
B：アルバイトが
　（あります→）＿＿＿＿＿＿＿＿＿＿。

②

A：Bさん、DVD 見ない？
B：ごめん。きょうは 見ない。
A：え、＿＿＿＿＿＿＿＿＿＿？
B：あしたの テストの べんきょうを
　＿＿＿＿＿＿＿＿＿＿。

はなしましょう

できますか?

じゆうに はなしましょう

✔ 週末のイベントに参加するかどうか、先生と話すことができる。
You can tell your teacher whether you will participate in a weekend event or not.

✔ 週末のイベントに参加するかどうか、友だちと話すことができる。
You know how to tell your friend whether you will participate in a weekend event or not.

ことば・ひょうげん

バーベキュー大会 barbeque party ／たのしみ（な） exciting

- -

うん No ／まんが manga, Japanese comics ／はい Here you are. ／すし sushi
しあい match, game ／こんばん tonight, this evening ／のみかい drinking party
こうりゅうパーティー (cultural) exchange party

ぶんけい

1. 　　　　　ない 〈ない形〉

1グループ	かきます ⇒ かかない かいます ⇒ かわない
2グループ	たべます ⇒ たべない みます ⇒ みない （シャツを）きます ⇒ きない
3グループ	します ⇒ しない さんぽします ⇒ さんぽしない きます ⇒ こない

➡

か	か	ない
か	き	ます
	く	
	け	
	こ	

学生Ａ：あしたも 来る？ ┌ 学生Ｂ：うん、来る。
　　　　　　　　　　　　└ 学生Ｃ：ううん、来ない。

2. 　　　　　ない ？ ┌ うん、　　　　　
　　　　　　　　　　└ ううん、　　　　　ない

学生Ａ：コーヒー、のみに 行かない？ ┌ 学生Ｂ：うん、行く。
　　　　　　　　　　　　　　　　　　 └ 学生Ｃ：ううん、行かない。

3. どうして？ ― 　　　　　　　から。

学生Ａ：わたしは ケーキ たべない。
学生Ｂ：どうして？
学生Ａ：これから すしを たべに 行くから。

Lesson 7　3 これ、なに？

 129　バーベキューを します
Having a barbeque

マリー：
これ、なに？

タン：
わからない。
なにかなあ。

あおき：
ああ、それは
じゃがいもですよ。
バターと いっしょに
たべます。
おいしいですよ。

先生、これ、
なんですか。

うわあ、はやく
たべたいなあ。

マリー：
そうだね。
わたしのは
へんじゃ ないよ。

あれ、これ、へんだ。
じゃがいもじゃ ないよ。

あおき：
タンさん、それも
じゃがいもですよ。
どうぞ。

あ、ほんとうだ。
おいしい。

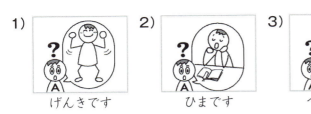
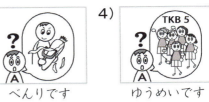

1) げんきです
2) ひまです
3) べんりです
4) ゆうめいです

②

A：その グラス、(きれいですか→)＿＿＿＿＿？
B：うん、＿＿＿＿だよ。Aさんのは？
A：わたしのは ＿＿＿＿＿。
B：すみません。これ、きれいじゃ ありません。
てんいん：あ、すみません。こちらを どうぞ。

③

A：あした (ひまですか→)＿＿＿＿＿？
B：うん、＿＿＿＿よ。
A：えいが、見に (行きませんか→)＿＿＿＿＿？
B：(いいです→)＿＿＿ね。
　(行きたいです→)＿＿＿＿＿。

④

A：アルバイト、(たいへんですか→)＿＿＿＿＿？
B：うん、ちょっと ＿＿＿＿。
　でも、(たのしいです→)＿＿＿＿よ。
　みんな (しんせつです→)＿＿＿＿だから。
A：それは (よかったです→)＿＿＿＿ね。

3

①
A：らいしゅうの 月よう日は
　(休みです→)＿＿＿＿＿＿＿＿＿＿だね。
B：うん。でも、(しごとです→)＿＿＿＿＿＿＿＿＿＿。
A：え、(しごとですか→)＿＿＿＿＿＿＿＿＿＿？
B：うん。

②
A：あの 人、(日本人ですか→)＿＿＿＿＿＿？
B：ううん、＿＿＿＿＿＿＿＿＿＿。
　(ブラジル人です→)＿＿＿＿＿＿だよ。
A：へえ。にほんご、(じょうずです→)
　＿＿＿＿＿＿＿＿＿＿だね。

4
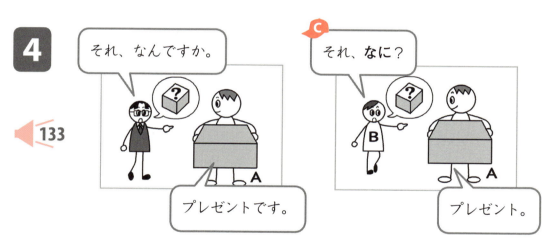

①
A：こんしゅう テストが あるよ。
B：え、(いつですか→)＿＿＿＿＿＿＿＿？
A：あさって！

②
A：もしもし、いま (どこですか→)＿＿＿＿？
B：スーパーの まえ。もうすぐ つくよ。

はなしましょう

できますか？

これも できますか？

- ✅ 何かわからないものがあったとき、先生や友だちに聞くことができる。
  You can ask a friend or a teacher about something you don't know.
- ✅ 自分が感じたことを言うことができる。
  You can talk about how you feel.

ことば・ひょうげん

わかります know ／じゃがいも potato ／バター butter ／うわあ wow ／はやく hurry, quickly
あれ Huh? ／ほんとうだ You're right., Oh yeah.

あつい hot (things) ／かたい hard ／木 wood ／グラス glass ／みんな everyone, everybody
こんしゅう this week ／あさって the day after tomorrow, two days later ／もうすぐ soon
つきます arrive ／いくら salmon roe ／もう ひとつ one more ／すじこ salted salmon roe
スポーツセンター sports center

ぶんけい

1. 　　　　　い です ⇒ 　　　　　い

　　　　　くない です ⇒ 　　　　　くない

その 本、おもしろい？ ―うん、おもしろい。
にほんごの べんきょう、むずかしい？ ―ううん、むずかしくない。

2. 　　　　　です ⇒ 　　　　　（だ）

　　　　　じゃ ありません ⇒ 　　　　　じゃ ない

こんばん、ひま？ ―うん、ひま。
アルバイト、たいへん？ ―ううん、たいへんじゃ ない。

3. 　　　　　です ⇒ 　　　　　（だ）

　　　　　じゃ ありません ⇒ 　　　　　じゃ ない

あの 人は 学生？ ―うん、学生。
あした 休み？ ―ううん、休みじゃ ない。

4. なんですか ⇒ なに？ 　　これ、なに？ ―プレゼント。
　　いつですか ⇒ いつ？ 　　テスト、いつ？ ―あさって。
　　どこですか ⇒ どこ？ 　　もしもし、いま どこ？ ―スーパーの まえ。

アクティビティー

はなしましょう

(1) 友だちと えいがを 見に 行きたいです。

あしたは いそがしいですか。	えいがを 見に 行きませんか。
おもしろい えいがが ありますよ。	なんじが いいですか。
どこで 会いますか。	

あした いそがしい？

ううん、ひまだよ。

(2) 友だちと 休みの 話を します。

こんどの 休みに なにを しますか。	どこへ 行きますか。
だれと しますか。	なにを しますか。
どんな ところですか。	

こんどの 休み なに する？

りょこうする。

よみましょう

日本の 学生６００人に アンケートを しました。A～Cは その けっかです。

グラフA	グラフB	グラフC
外国人の 友だちが いますか。	外国人の 友だちの 国は どこですか。	外国人の 友だちが ほしいですか。

 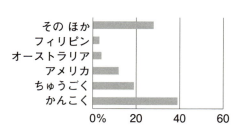 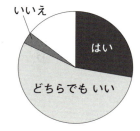

（ヒューマンアカデミー日本語学校東京校学生　アンケート調査より）

【しつもん】 ○ですか。×ですか。

1. (　　　) 「外国人の 友だちが いる 人」と 「いない 人」は おなじ ぐらい いる。
2. (　　　) 日本の 学生の 友だちは アジアの 国の 人が すくない。
3. (　　　) 「外国人の 友だちが ほしくない 人」は おおい。

かきましょう

あなたは 外国人の 友だちが ほしいですか。ほしくないですか。どうしてですか。

わたしは 外国人の 友だちが ほしいです／ほしくないです。

コラム2 しごと

会社員
かいしゃいん

警察官
けいさつかん

駅員
えきいん

銀行員
ぎんこういん

教師
きょうし

医師・看護師
いし　かんごし

観光ガイド
かんこう

通訳
つうやく

料理人
りょうりにん

アニメーター

エンジニア

研究者
けんきゅうしゃ

声優
せいゆう

音楽家
おんがくか

美容師
びようし

カメラマン

Lesson 8

友だちと 話す②
とも　　　　 はな

Talking with Friends (2)

1 友だちと サッカーしたよ
　　とも

2 どうだった？

Lesson 8　**1** 友だちと サッカーしたよ

 136　しゅうまつ した ことを 話します
Talking about what you did at the weekend

キム：
おはよう。
バーベキュー、行った？

タン：
うん、行った。

どうだった？

よかったね。

マリー：
たのしかった。
たくさん 食べたよ。

ラマさんも
バーベキュー 行った？

そう。

ラマ：
ううん、ぼくは
行かなかった。
友だちと サッカー
したよ。

わたしは アルバイト。
日よう日だから、
いそがしかった。

キムさんは？

タン：
ああ、たいへん
だったね。

1

します	3	した	たちます		
かきます			はなします		
みます			あけます		
あいます			（日本へ）きます		

1)

名前を かきます

2)

しゅくだいを 出します

②

A：バス、（来ません→）
　　　　　　　　　　ね。
B：（ええ→）　　　　　。
　　あ、（来ました→）　　　　　　。

8-1

③

しません	しなかった	ありません	
かきません		はなしません	
みません		あけません	
あいません		(日本へ)きません	

1) 友だちに 会います
2) べんきょうします

④

A：ホテルは どうだった？
B：へやに エアコンが
　　（ありませんでした→）＿＿＿＿＿＿＿＿＿＿。

⑤

A：しゅくだい、（おわりました →）
　　_____？

B：_____。

⑥

A：しゃしん、_____？
B：_____。

⑦

A：しゅうまつ（何を しましたか →）
　　_____？

B：川へ（あそびに 行きました →）
　　_____。

C：わたしは（どこも 行きませんでした →）
　　_____。

D：わたしは _____。

はなしましょう

できますか？ 　　じゆうに はなしましょう

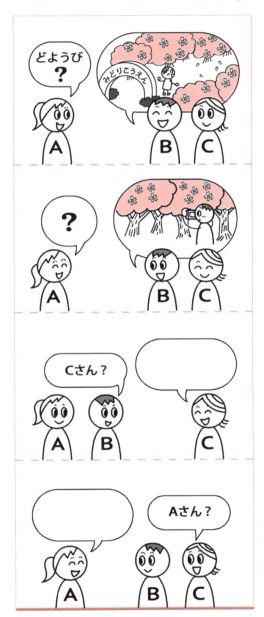

☑ 週末に何をしたか友だちに聞いたり、言ったりすることができる。
You can ask and talk to your friends about what they did at the weekend.

ことば・ひょうげん

こうりゅう会 (cultural) exchange meeting [party] ／たちます stand ／名前 name
しゅくだい homework ／出します give, assign ／エアコン air conditioner, AC
あそびます play, hang out ／うたいます sing ／もちます carry, hold
しにます die ／休みます take a break, have a holiday, rest ／かします lend ／あるきます walk

ぶんけい

1.　　　　　た　〈た形〉

【１グループ】

い・ち・り → った		
あいます → あった	たちます → たった	とります → とった
かいます → かった	もちます → もった	あります → あった

に・び・み → んだ		
しにます → しんだ	よびます → よんだ	のみます → のんだ
	あそびます → あそんだ	やすみます → やすんだ

し → した	き → いた	ぎ → いだ
はなします → はなした	かきます → かいた	いそぎます → いそいだ
かします → かした	ききます → きいた	およぎます → およいだ
だします → だした	あるきます → あるいた	

*いきます →　いった

【２グループ】たべます → たべた　みます → みた

【３グループ】します → した　きます → きた　べんきょうします → べんきょうした

こうりゅう会、行った？　―うん、行った。
しゃしん、とった？　―ううん、とらなかった。
バス、来ないね。　―うん。…あ、来た。

8
-
1

Lesson 8　2 どうだった？

141　しゅうまつ　した　ことを　話します
Talking about what you did at the weekend

ラマ：
きのう、キムさんは
アルバイトだった？

キム：
ううん。休みだった。

ぼくは　サッカーを
見に　行ったよ。

でも、さむかったから、
どこも　行かなかった。

おもしろかった。
いい　しあいだった。

ふうん、
どうだった？

そう。

ああ、ゆきまつり。
見に　行きたいね。

あ、わたしは　テレビで
ゆきまつりを　見たよ。
きれいだった。

1

①

142

おもしろいです	おもしろかった	おもしろくなかった
むずかしいです		
あたたかいです		
すずしいです		
いいです		

1) 2) 3)

②

A：しゅうまつ、何（しましたか→）＿＿＿＿？
B：どうぶつえんへ
　（行きました→）＿＿＿＿。
A：へえ！どうだった？
B：（たのしかったです→）＿＿＿＿。
　パンダが すごく
　（かわいかったです→）＿＿＿＿。

③

A：この えいが、（見ましたか→）
　＿＿＿＿？
B：うん。＿＿＿＿。
A：（どうでしたか→）＿＿＿＿？
B：＿＿＿＿。
A：そう。

2

①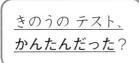

 143

かんたんです	かんたんだった	かんたんじゃ なかった
たいへんです		
ひまです		
にぎやかです		

1) 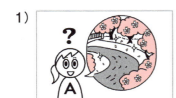 2)  3)

②

A：えきまえの あたらしい レストランへ 行ったよ。
B：そう。どうだった？
A：りょうりは おいしかった。でも てんいんは あまり しんせつ＿＿＿＿＿＿＿＿＿＿＿＿。

3

①

 144

テストです	テストだった	テストじゃ なかった
やすみです		
ゆうめいな ひとです		
いい アルバイトです		

②

A：スピーチコンテスト（いつでしたか →）
　　_____？
B：せんしゅうの（金よう日でした →）
　　_____。
A：（どうでしたか →）_____？
B：（1いでした →）_____！

③

A：これ、どんな（ゲームでしたか →）
　　_____？
B：あまり（おもしろい ゲームじゃ ありませんでした →）
　　_____。

4

① 145

かきます	かく	かかない	かいた	かかなかった
します				
さむいです				
ゆうめいです				
こどもです				

②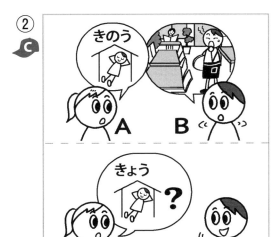

A：きのう（休みでした →）
　　_____？
B：ううん。（アルバイトでした →）
　　_____。
　　でも、（いそがしくなかったです →）
　　_____。
A：きょうは（休みです →）
　　_____？
B：うん。きょうは（ひまです →）
　　_____。

はなしましょう

できますか？

じゆうに はなしましょう

☑ 休みの日に何をしたか、どうだったか、友だちと話すことができる。 ★★★
You can talk to your friends about what you did on your day off.

ことば・ひょうげん

ふうん Hmm.

- -

あたたかい warm ／すずしい cool ／どうぶつえん zoo ／パンダ panda ／すごく very
かわいい cute ／えきまえ in front of the station ／レストラン restaurant
スピーチコンテスト speech contest ／〜い：1い 〜 place: first place
もうしこみしょ application form ／こども child

ぶんけい

1. ＿＿＿かった です ⇒ ＿＿＿かった

このゲーム、おもしろかった？ ―うん、おもしろかった。

＿＿＿くなかった です ⇒ ＿＿＿くなかった

このえいが、どうだった？ ―あまりおもしろくなかった。

2. ＿＿＿でした ⇒ ＿＿＿だった

きのうのテスト、かんたんだった？ ―うん、かんたんだった。

＿＿＿じゃ ありませんでした ┐
＿＿＿じゃ なかったです ┘→ ＿＿＿じゃ なかった

アルバイトは たいへんだった？ ―ううん、たいへんじゃ なかった。

3. ＿＿＿でした ⇒ ＿＿＿だった

きょうは テストだった？ ―うん、テストだった。

＿＿＿じゃ ありませんでした ┐
＿＿＿じゃ なかったです ┘→ ＿＿＿じゃ なかった

これ、どんな ゲームだった？ ―あまり おもしろい ゲームじゃ なかった。

4. 〈ふつう形〉

かく	かか**ない**	かいた	かか**なかった**
*ある	**ない**	あった	**なかった**
あつい	あつ**くない**	あつ**かった**	あつ**くなかった**
*いい	**よくない**	**よかった**	**よくなかった**
きれいだ	きれいじゃ **ない**	きれい**だった**	きれいじゃ **なかった**
	きれいでは **ない**		きれいでは **なかった**
やすみだ	やすみじゃ **ない**	やすみ**だった**	やすみじゃ **なかった**
	やすみでは **ない**		やすみでは **なかった**

8-2

175

アクティビティー

はなしましょう

（1） 友だちが サッカーを 見に 行きました。話を ききましょう。

（2） 休みが おわりました。友だちと 休みの 話を しましょう。

せんしゅうまつ／なつ休み／おしょうがつ／れんきゅう

いいましょう

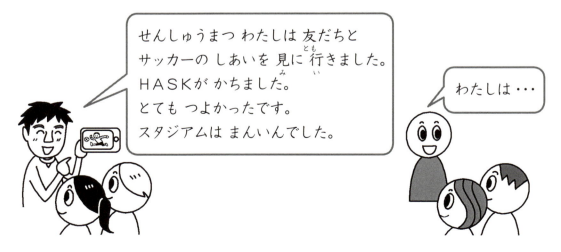

よみましょう

ジョンさんは 友だちの ワーンさんに メールを かきました。

りょこうしたよ

To：abcdefg@hijk.com

ワーンさん
さくらが さいたね。げんき？ もう 大学は はじまった？
ぼくは せんしゅう はじめて ならと きょうとに 行ったよ。ならの だいぶつは ほんとうに 大きかった。しかが たくさん いた。かわいかったよ。きょうとは さくらが とても きれいだった。ぼくは きょうとで どうぶつえんも 行ったよ。日本の ふるい まちに ぼくの 国の カンガルーが いた。ほんとうに びっくりした。しゃしん、おくるね。
ワーンさん、こんどは いっしょに 行きたいね。おいしい みせと おもしろい ところを あんないするよ。

ジョン

【しつもん1】ジョンさんは きょうとで 何を しましたか。

【しつもん2】ジョンさんは どうして びっくりしましたか。

かきましょう

さいきん どこかへ りょこうしましたか。どこへ 行きましたか。
しょうかいして ください。

わたしは ＿＿＿＿＿へ 行きました。＿＿＿＿＿は ＿＿＿＿＿＿＿＿

Lesson **9**

ちゅういや しじを きく

Asking for Advice or Instructions

1 そこに すてないで ください

2 じしょを つかっては いけません

3 きょうかしょを 見て います

Lesson9 1 そこに すてないで ください

ごみを すてます
Disposing of trash

にしかわ：
あ、タンさん。
プラスチックは そこに
すてないで ください。

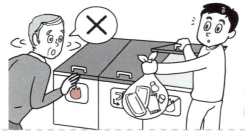

タン：
はい。

ここに すてて
ください。

はい、わかりました。
すみません。

火よう日と
金よう日ですよ。
これを 見て
ください。

あのう、生ごみは
いつ 出しますか。

ああ、ありがとう
ございます。

8時までに ここに
出して くださいね。

はい、わかりました。

1

①

しゃしんを とらないで ください。

さわらないで ください。

かえりません	かえらないで ください	でんわしません	
中_{なか}に はいりません		ドアを あけません	
外_{そと}へ でません		ここへ きません	

②

先生_{せんせい}：ここで（食_たべません→）
　　　＿＿＿＿＿＿＿＿ ください。
A：はい。すみません。

③

先生_{せんせい}：あした じしょを（わすれません→）
　　　＿＿＿＿＿＿＿＿ くださいね。
A：はい。わかりました。

④

せんぱい：これ、Aさんの ロッカーの
　　　　かぎです。（なくしません→）
　　　　＿＿＿＿＿＿＿＿＿＿ね。
A：はい。ありがとう ございます。

⑤

先生_{せんせい}：みなさん、おなじ かさが あります。
　　　（まちがえません→）
　　　＿＿＿＿＿＿＿＿＿＿＿＿。
A・B：はい。わかりました。

2

①

みなさん、こちらを見(み)てください。

みます	2	みて	(学校(がっこう)へ)きます	
かきます			やすみます	
いそぎます			いきます	
はなします			します	
たちます			いいます	
かえります			あるきます	
よびます			(本(ほん)を)おきます	

1)
よみます

2)
書(か)きます

3)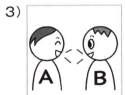
話(はな)します

4)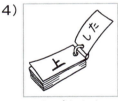
おぼえます

②

いしゃ：この くすりを ＿＿＿＿＿＿。
　　　　まいにち ＿＿＿＿＿＿＿。
　　　　やさいを ＿＿＿＿＿＿＿。
　　　　らいしゅう ＿＿＿＿＿＿。
A：はい。わかりました。

③

おおや：げつまつまでに、やちんを
　　　　（はらいます→）＿＿＿＿＿。
A：はい。

④

かちょう：みなさん、
　　　　　ここに（来ます→）_____。
しゃいん：はい。

⑤

A：すみません。
　　Cさんを（よびます→）_____。
B：Cさんですね。
　　ちょっと（まちます→）_____。

3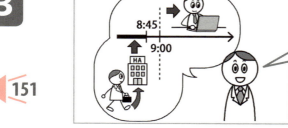

しごとは 9時からですから、
8時45分までに
かいしゃへ 行きます。

①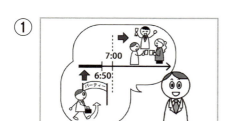

A：みなさん、パーティーは 7時からです。
　　6時50分_____ 来て くださいね。

②

先生：水よう日_____ レポートを 出して
　　　ください。
A：え、あと 2日ですね。

③

A：この ツアー、おねがいします。
みせの 人：はい。では、3月10日_____
　　　　　　お金を はらって ください。

はなしましょう

できますか？

じゆうに はなしましょう

①

②

✔ ごみの捨て方などの注意がわかり、謝ることができる。★★★
You can understand instructions regarding disposal of trash and apologize if you make a mistake.

✔ 大家さんにごみの捨て方などのきまりを聞くことができる。★★★
You can ask your landlord about how to dispose of trash.

ことば・ひょうげん

すてます throw away ／プラスチック plastic ／生ごみ raw garbage ／ごみ garbage, trash

- -

さわります touch ／入ります enter, go into ／出ます go out ／ドア door ／じしょ dictionary

わすれます forget ／ロッカー locker ／かぎ key ／なくします lose ／おなじ same

まちがえます make a mistake ／おきます put, place ／おぼえます remember, memorize

くすり medicine ／おおや landlord ／げつまつ end of the month ／やちん rent

はらいます pay ／かちょう department chief, section head ／しゃいん company employee

レポート report ／あと〜 more, left ／ツアー tour ／せんたく laundry ／こえ voice

ぶんけい

1. ==ないで== くださ い

ロッカーの かぎを なくさないで ください。
かさを まちがえないで ください。

2. ==て== ください 〈て形〉

【1グループ】

い・ち・り → って		
あいます → あって	まちます → まって	とります → とって
かいます → かって	もちます → もって	かえります → かえって

に・び・み → んで		
しにます → しんで	よびます → よんで	よみます → よんで
	あそびます → あそんで	のみます → のんで

し → して	き → いて	ぎ → いで
はなします → はなして	かきます → かいて	いそぎます → いそいで
かします → かして	ききます → きいて	およぎます → およいで

*いきます →　いって

【2グループ】　たべます → たべて　みます → みて
【3グループ】　します → して　きます → きて　べんきょうします → べんきょうして

ノートに 名前を かいて ください。
この かんじを おぼえて ください。

3. ==まで== に

8時45分までに かいしゃへ 行きます。
水よう日までに レポートを 出して ください。

Lesson 9 2 じしょを つかっては いけません

テストを うけます
Taking a test

あおき：
これから テストを します。
きょうかしょを かばんの 中に 入れてください。

ボールペンで 書いては いけません。えんぴつで 書いて ください。
となりの 人と 話しては いけません。

タン：
先生、じしょを つかっても いいですか。

いいえ、つかっては いけません。

9-2

1

① 156

ここで たばこを すっては いけません。
はい。

のみます	のんでは いけません	はなします	
あけます		いきます	
いいます		やすみます	

1) ここで 食べます　2) しゃしんを とります　3) 中に 入ります　4) 車を とめます

②

けいさつかん：あかです！
　　　　　　（わたります→）＿＿＿＿＿＿＿よ。
　　　　　　おさけを のみましたね！
　　　　　　（車を うんてんします→）＿＿＿＿＿よ。

③

先生：＿＿＿＿＿＿＿ては いけません！

④

かんごし：ここは びょういんです。
　　　　　たばこを ＿＿＿＿＿＿＿＿＿＿＿。
　　　　　大きい こえで ＿＿＿＿＿＿＿＿＿。
　　　　　（はしります→）＿＿＿＿＿＿＿＿。

①

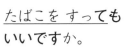

のみます	のんでも いいです	かえります	
みます		(電話を)します	
かります		いいます	

1)  2)  3)  4)

②

　　　Ａ・Ｂ：中国語で ＿＿＿＿＿＿ても いいですか。
　　　先生：いいえ、＿＿＿＿＿＿＿＿＿＿＿＿＿＿＿＿。

③

　　　Ａ：これを（コピーします→）
　　　　　＿＿＿＿＿＿＿＿＿＿＿＿＿＿＿。
　　　Ｂ：はい、＿＿＿＿＿＿＿＿＿＿＿＿＿＿＿＿。

④

A：ここに じてんしゃを（とめます→）
　　_____。

B：はい、_____。

⑤

先生：テストが おわった 人は
　　　（かえります→）_____ よ。

A：はい、先生、おわりました。

⑥

A：ああ、あついですね。

B：まどを _____ よ。

A：そうですか。じゃあ。

3

えんぴつで 書いて ください。　　はい。

①

A・B：先生、えいご____ 話しても いいですか。
先生：いいえ、いまは 日本語_____。
A・B：はい。

②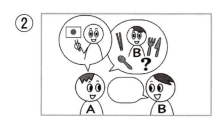

A：わたしの 国は はし____ 食べます。
　　Bさんの 国は 何____ 食べますか。

B：わたしの 国は _____ 食べます。

188

はなしましょう

できますか？ 　これも できますか？

- ☑ 試験のときの注意を聞いてわかる。★★★
  You can listen to and understand the test instructions.
- ☑ 先生や係の人などにルールやしてもいいことについて簡単に聞くことができる。★★★
  You can ask your teacher or the person in charge for simple advice regarding rules or things to do.

ことば・ひょうげん

つかいます use ／きょうかしょ textbook ／入れます put in
ボールペン ball-point pen ／えんぴつ pencil

- -

たばこ cigarette ／たばこを すいます smoke ／とめます stop ／わたります cross
うんてんします drive ／かんごし nurse ／はしります run ／電話 telephone, phone
コピーします copy ／住所 address ／生年月日 date of birth ／電話番号 phone number
ひらがな hiragana

ぶんけい

1. ＿＿＿＿＿ては いけません

先生：となりの 人の テストを 見ては いけません。― 学生：はい。
先生：びじゅつかんの 中で しゃしんを とっては いけません。 ― 学生：はい。

2. ＿＿＿＿＿ても いいです

学生：先生、かえっても いいですか。 ― 先生：はい、かえっても いいです。
ここに じてんしゃを とめても いいですか。 ― はい、いいですよ。

3. ＿＿＿＿＿で ＿＿＿＿＿

くろい ボールペンで 書いて ください。
友だちと えいごで 話しました。

Lesson9 3 きょうかしょを 見て います

161 テストが おわりました
After a test

あおき：
時間です。
もう 書いては
いけません。
うしろの 人、テストを
あつめて ください。

キム：
先生、タンさんが
まだ 書いて います。

タンさん、
もう 時間ですよ。
出して ください。

先生、ラマさんが
きょうかしょを 見て
います。

ラマさん、
まだ だめですよ。

タンさん、はやく！

タン：
うん。

⑤
A：もしもし、Bさん、
　　いま、何を ＿＿＿＿＿＿＿＿＿＿か。
B：へやで テレビを ＿＿＿＿＿＿＿＿＿＿よ。
A：おいしい ワインが あります。
　　のみに 来ませんか。
B：あ、いいですね。行きます。

2

① ◀164

じゅぎょうを はじめます。

先生、タンさんが まだ ゲームを して います。

タンさん、もう ゲームを やめて ください。

1)
マリーさん

2)
ラマさん

3)
チンさん

②

A：Cさん、おそいですね。
　　＿＿＿＿ えいがが はじまりますよ。
B：Cさんは ＿＿＿＿ しごとを して いましたよ。
A：え？

A：もしもし、Cさん！
　　＿＿＿＿ しごとですか。
C：ごめんなさい！ すぐ 行きます！

③

A：Bさん、＿＿＿＿ 9時ですよ。
　　しんかんせんの 時間、だいじょうぶですか。
B：え！ どうしよう。＿＿＿＿ まにあわない！

はなしましょう

できますか？ 　　じゆうに はなしましょう

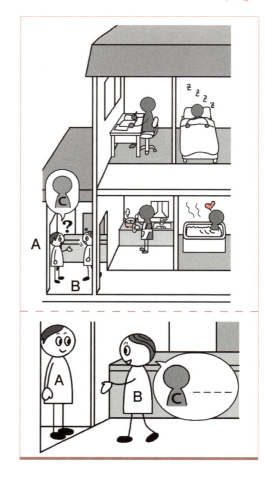

- ☑ 先生の注意を聞いてわかる。★★★
  You can listen to and understand the teacher's instructions.
- ☑ 他の人が何をしているか伝えることができる。★★★
  You can explain what other people are doing.

ことば・ひょうげん

時間です Time's up. ／あつめます collect, take ／だめ(な) can't, not allowed
じかん
- -
かたづけます pick up, clean up ／すぐ right away, quickly, be there soon ／はじめます start
やめます stop, quit ／おそい late, take too long ／はじまります start
だいじょうぶ(な) okay, no problem ／どうしよう What should I do? ／まにあいます be on time

ぶんけい

1.　　　　　　　て います

サラさんは そうじを して います。
シンさんは テレビを 見て います。
　　　　　　　　　　　　　み

2. もう　　　　　　　　

まだ　　　　　　　　

もう しごとは おわりましたか。┌ はい、もう おわりました。
　　　　　　　　　　　　　　　└ いいえ、まだ して います。

もう ゲームを やめて ください。
　　─ 先生、タンさんが まだ ゲームを して います。
　　　せんせい

アクティビティー

しらべましょう

A：この マークの いみは 何ですか。
　　わかりますか。
B：それは ペットボトルの マークです。
　　「ペットボトルです。リサイクルして
　　ください。」という いみです。
　　ペットボトルに ついて います。

① 　② 　③ 　④しって いますか？

いいましょう

〈つくりました！〉

この マークは わたしが つくりました。
この マークの いみは「＿＿＿＿＿＿」です。
＿＿＿＿＿＿＿＿＿＿＿＿＿＿＿＿＿＿＿＿。

よみましょう

9

どこでしょうか。わかりますか。

1. あおは はやく あるいて ください。あかは とまって ください。

2. はしらないで ください。大きい こえで 話さないで ください。しゃしんを
とっては いけません。えを さわらないで ください。

3. きいろい せんの うえに たっては いけません。ならんで ください。ほかの
人を おさないで ください。おりる 人が 先です。

4. ふくを きては いけません。くつを はいては いけません。タオルを おゆの
中に 入れては いけません。

5. かいたい ものを とって ください。まだ 食べないで ください。先に お金を
はらって ください。みせで 食べても いいです。みせの 外へ もって いっても
いいです。

【しつもん】 1〜5は どこですか。

かきましょう

クイズを つくりましょう。

〈どこでしょう?〉

1. _____

2. _____

Lesson **10**

人や まちを しょうかいする
ひと

Introducing People and Places

1 どの 人ですか
ひと

2 ペキンに 住んで います
す

3 ベトナムの 南に ある まちです
みなみ

Lesson10 **1** どの 人ですか

パーティーで 話します
Talking at a party

サラ:
リさん、あの 人、だれですか。

リ:
え? どの 人ですか。

グレーの スーツを きて いる 人です。

ああ、あの めがねを かけて いる 人ですか。

いいえ、その うしろの 人です。
なかむらさんと 話して いる 人です。

あ、あの 人は システムぶの シンさんです。

そうですか。

リさん、しょうかいして ください。

いいですよ。

シンさん、わたしの どうりょうを しょうかいします。
こちら、サラさんです。

はじめまして。

シン:
はじめまして。シンです。

1

①

きます

コートを
きて います。

かぶります

ぼうしを
＿＿＿＿ います。

はきます

くつを
＿＿＿＿ います。

かけます

めがねを
＿＿＿＿ います。

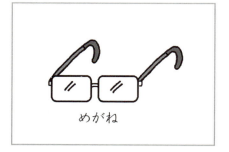

します

ネクタイを
＿＿＿＿ います。

1) チンさんは ＿＿＿＿＿＿て います。　2) ラマさんは ＿＿＿＿＿＿＿＿＿。
3) アティさんは ＿＿＿＿＿＿＿＿＿。　4) あおきさんは ＿＿＿＿＿＿＿＿。
5) シンさんは ＿＿＿＿＿＿＿＿＿。

② ◀168

ぼうしを かぶって いる 人は だれですか。

キムさんです。

1) 　2) 　3)

③

A：あの 白い ワンピースを
　　＿＿＿＿＿＿＿＿＿＿人、だれ？
B：え？ ああ、いま、
　　＿＿＿＿＿＿＿＿＿＿人？
A：うん。
B：やまかわさんだよ。
A：そう。きれいな 人だね。

④

A：Bさん、あの 人は だれですか。
B：え？ どの 人ですか。
A：あの、
　　＿＿＿＿＿＿＿＿＿＿＿＿人です。
B：ああ、サラさんと
　　＿＿＿＿＿＿＿人ですか。
A：はい。
B：あの 人は いのうえさんですよ。

はなしましょう

できますか？ 169

これも できますか？ 170

✔ 服装や動作を伝えて、その人がだれかを聞いたり、言ったりすることができる。
You can ask about and say what a person is wearing or doing.

✔ 人を紹介することができる。
You can introduce someone.

ことば・ひょうげん

グレー gray ／スーツ suit ／めがねを かけます put on glasses ／システム system
〜ぶ：システムぶ 〜 department: system department ／しょうかいします introduce
いいですよ sure ／どうりょう coworker

- -

コート coat ／Tシャツ T-shirt ／きもの kimono ／かぶります wear, put on
はきます wear, put on ／ズボン pants ／スカート skirt ／ブーツ boots
（ネクタイを）します wear a tie ／ベルト belt ／ゆびわ ring ／ネックレス necklace
ブレスレット bracelet ／マフラー scarf ／ワンピース dress ／ノート notebook

ぶんけい

1. 　　　　　　　　　を　　　　　　　　　て います

   グレーの スーツを きて います。
   チンさんは めがねを かけて います。

   　　　　　　　　　て いる　　　　　　　　

   ぼうしを かぶって いる 人は だれですか。 ― キムさんです。
   サラさんと 話して いる 人は だれですか。 ― いのうえさんです。

Lesson 10 2 ペキンに 住んで います

 171   かぞくを しょうかいします
Introducing your family

なかむら：
リさん、
これ だれですか。

こいびとですか。

リ：
あ！

あ、はい。

ふうん。
きれいな 人ですね。

いいですね。

ええ。
かのじょは あかるくて、
まじめな 人です。
りょうりが じょうずで、
やさしいです。

こちらは
いもうとさんですか。

おねえさんですか。

そうですか。

いいえ、あねです。

はい。あねは ペキンに
住んで います。

いのうえ：
こちらは？
リさんと よく
にて いますね。

そうですか。

おとうとです。
ホテルで はたらいて
います。

おとうとは もう けっこん
して います。
子どもが 二人 います。

男の子と
女の子ですね。
かわいいですね。

1

① 172

おとうとは シャンハイに 住んで います。

そうですか。

1) わたしは いま ＿＿＿＿ に ＿＿＿＿。
2) わたしの ＿＿＿＿ は ＿＿＿＿ に ＿＿＿＿。

②

A：Bさんは
　　どこ＿＿＿＿か。
B：わたしは ＿＿＿＿。
　　Aさんは？
A：＿＿＿＿。

③ 173

父は ぼうえきがいしゃを けいえいして います。

そうですか。

1) わたし・
ホテルで はたらきます

2) いもうと・
ざっしの イラストを かきます

3) あに・
車の セールスを します

④

A：Bさん、おしごとは？
B：高校で（えいごを おしえます →）
　　＿＿＿＿。

⑤

A：Bさんは アルバイトを して いますか。
B：はい、コンビニで ＿＿＿＿＿＿＿＿＿＿。
A：いつも 何時から 何時まで
　　はたらいて いますか。
B：＿＿＿＿＿＿＿＿＿＿＿＿＿＿＿＿＿＿＿＿＿。

⑥

A：Bさんは 学生ですか。
B：いいえ。はたらいて います。
A：そうですか。どんな しごとを して いますか。
B：＿＿＿＿＿＿＿ で ＿＿＿＿＿＿＿ て います。

⑦ 174

おとうとは けっこんして います。

そうですか。

A：Bさん、ごけっこんは？
B：はい、＿＿＿＿＿＿＿＿＿＿。
A：そうですか。
B：きょねん けっこんしました。
　　Aさんは？
A：わたしは ＿＿＿＿＿＿＿＿＿＿。
　　Cさんは？
C：わたし＿＿＿＿＿＿＿＿＿＿＿＿。

2

① 175

あねは あかるくて、やさしいです。

そうですか。

おおきいです	おおきくて	ゆうめいです	ゆうめいで
はやいです		べんりです	
かわいいです		ひまです	
やすいです		まじめです	
いいです		にぎやかです	

1)
えきまえの レストラン
やすいです・おいしいです

2)
この カメラ
小さいです・かるいです

3)
この 本
かんたんです・おもしろいです

②

A：あの きっさてんは
　（きれいです・ケーキが おいしいです →）
　_____よ。

B：じゃあ、あそこに しましょう。

③

A：ここは（ひろいです・しずかです →）
　_____ね。

B：ええ。きもちが いいですね。

④

A：かわむらさんは どんな 人ですか。
B：（きれいです・しんせつです →）
　_____な 人です。

⑤

A：わたしが 住んで いる ところは
　（みせが おおいです・にぎやかです →）
　_____。

B：そうですか。
　わたし_____。

はなしましょう

できますか？ 　　じゅうに はなしましょう

☑ 家族や友だちなどを紹介することができる。
　You can introduce your family and friends.
☑ 住んでいるところ、職業、結婚しているかどうかを聞いたり、言ったりすることができる。
　You can ask about and describe where someone lives, their occupation and if they are married or not.

ことば・ひょうげん

住みます live ／こいびと boyfriend, girlfriend, lover, partner, significant other ／かのじょ she
あかるい bright, lively ／まじめ(な) serious ／やさしい nice, kind ／いもうと little sister
おねえさん older sister ／よく にて います really look alike
おとうと little brother ／はたらきます work ／男の子 boy ／女の子 girl

- -

りょうしん parents ／父 dad, father ／あに older brother ／ぼうえきがいしゃ trading company
けいえいします manage, operate ／ざっし magazine ／イラスト illustration ／セールス sales
高校 high school ／おしえます teach ／ごけっこんは？ Are you married?
どくしん bachelor, single ／きっさてん coffee shop ／イケメン handsome ／かれ he
かぞく family

ぶんけい

1. 　　　　　　　て います

　わたしの おとうとは シャンハイに 住んで います。
　おとうとは ホテルで はたらいて います。
　あには 車の セールスを して います。
　わたしは 高校で えいごを おしえて います。
　いもうとは けっこんして います。

2. 　　　　　は 　　　　くて 、 　　　　　です

　　　　　　は 　　　　で 、 　　　　　です

　あねは あかるくて、やさしいです。
　この 本は かんたんで、おもしろいです。

Lesson10 3 ベトナムの 南(みなみ)に ある まちです

178 わたしの まちを しょうかいします
Introducing my town

たなか: あ、これは ベトナムですか。

タン: はい。

ホーチミンです。
ベトナムの 南(みなみ)に ある まちです。

ふるい まちで、りっぱな たてものが おおいです。

そうですか。

これも ホーチミンですか。

バイクが おおいですね。

はい。

すこし うるさいですが、住(す)んで いる 人(ひと)は とても やさしいです。
わたしは いい まちだと おもいます。
ぜひ 来(き)て ください。

ええ。行(い)きたいです。

	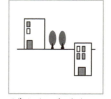		
ビルが おおい	ビルが すくない	くうきが きれい	くうきが きたない

人口が おおい	人口が すくない	せが 高い	せが ひくい

うたが じょうず	うたが へた	かみが 長い	かみが みじかい

① 179

しんじゅくは 高い ビルが おおいですね。

そうですね。

1)	2)	3)

おきなわ・うみ	シンさん・せ	アティさん・目

②

A：わたしの まちは ＿＿＿＿＿＿が ゆうめいです。
　　Bさんの まちは 何＿＿＿＿＿＿か。
B：わたしの まちは
　　＿＿＿＿＿＿＿＿＿＿＿＿＿＿。

2

①

 1) 日本語の べんきょう

 2) アルバイト

②

A：ふくおかまで どうやって 行きますか。
B：しんかんせんです。
A：しんかんせんは ねだんが
　　_____けど、_____ね。
B：そうですね。

3

①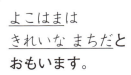

1)
日本の 電車・べんりです

2)
たなかさん・いい 人です

3)
かんじ・むずかしくないです

②

A：日本の _____は どうですか。
B：わたしは _____と
　　おもいます。
C：え！ そうですか？
　　わたしは _____と
　　おもいます。

はなしましょう

できますか？

じゆうに はなしましょう

☑ 自分の町を簡単に紹介できる。 ★★★
You can simply introduce your town.

☑ 自分が感じていることを言うことができる。 ★★★
You can describe how you feel.

ことば・ひょうげん

南 south ／りっぱ（な）splendid, handsome, beautiful ／うるさい noisy, loud
みなみ
ぜひ please, feel free to

- -

ビル building ／くうき air ／きたない dirty ／人口 population ／高い high ／せが 高い tall
じんこう　　　　　　　たか　　　　　　　　たか
ひくい low ／せが ひくい short ／うた song ／かみ hair ／目 eyes ／ねだん price
め

ぶんけい

1. ⬚⬚⬚⬚⬚ は ⬚⬚⬚⬚⬚ が ⬚⬚⬚⬚⬚ です

しんじゅくは ビルが おおいです。

わたしの まちは からい 食べものが ゆうめいです。
た

2. ⬚⬚⬚⬚⬚ が、⬚⬚⬚⬚⬚

わたしの まちは 小さいですが、にぎやかです。
ちい

しんかんせんは ねだんが 高いけど、べんりですね。
たか

3. （わたしは）⬚⬚⬚⬚⬚ と おもいます

（わたしは）よこはまは きれいな まちだと おもいます。

（わたしは）日本の 電車は べんりだと おもいます。
にほん　でんしゃ

アクティビティー

ともだちを しょうかいしましょう

お友だちを しょうかいして ください。

名前：中川 ゆうこ　年齢：20　男・女
学校：大学・専門学校・日本語学校
専門：えいご　住所：横浜市…
性格：あかるい、やさしい、こどもが すき

わたしの 友だちを しょうかいします。

中川 ゆうこさんです。中川さんは いま はたちです。
横浜に 住んで います。大学生です。
専門は えいごです。あかるくて とても やさしいです。

友だちの ＿＿＿＿さんです。
＿＿＿＿さんは…

よみましょう

二人の しごとは 何でしょうか。かんがえて ください。

Aさん　わたしは 日本で しごとを して います。日本で りょうりの べんきょうを しました。日本の りょうりは きれいで、あじも いいです。わたしは いま ホテルの レストランで 日本りょうりを つくって います。外国の 人も よく この みせに 来ます。

Bさん　いま わたしは 白い シャツと くろい うわぎを きて います。そして、くろい ズボンを はいて います。白い ネクタイを して います。きょうは おきゃくさんが とても おおいです。男の 人も 女の 人も きれいな ふくを きて います。わたしは まいとし この ホールで ピアノを ひいて います。みなさん、来年は ぜひ ききに 来て ください。

【しつもん】 Aさんと Bさんの しごとは 何ですか。

Aさん：＿＿＿＿＿＿＿＿＿＿＿＿＿　　Bさん：＿＿＿＿＿＿＿＿＿＿＿＿＿

かきましょう

きょう わたしは 友だちの けっこんしきに 行きました！
わたしは くろい ワンピースを きて、
あおい ジャケットを きて います。しんじゅの ネックレスを して います。

いま わたしは ＿＿＿＿＿＿＿＿ て います。

＿＿＿＿＿＿＿＿＿＿＿＿＿＿＿＿＿＿
＿＿＿＿＿＿＿＿＿＿＿＿＿＿＿＿＿＿

Lesson 11

おれいを 言う

Giving Thanks

1 ありがとうございます

2 母に つくって もらいました

3 てつだって いただいて、ありがとうございました

Lesson 11　1 ありがとうございます

けっこんの おいわいを あげます
Giving marriage congratulations

サラ：
いのうえさんが
けっこんすると
言って いましたよ。

おがわ：
わたしも 聞きました。

何か おいわいを
あげたいですね。

ええ。
何を あげましょうか。

そうですねえ…。
おがわさんは
けっこんした とき、
何を もらいましたか。

わたしは とけいとか、
しゃしんたてとかを
もらいましたよ。

ああ、とけい！
いいですね。
とけいに しましょう。

でも、何が ほしいか、
いのうえさんに
聞きませんか。

あ、そうですね。

サラ・おがわ：
いのうえさん、
ごけっこん おめでとう
ございます！
おしあわせに。

いのうえ：
ありがとうございます。
たいせつに します。

1

①

1)  2) 2) 3)

②

A：あ、プレゼントですね。
B：はい。これは そふ＿＿＿＿＿＿＿＿＿。
　　これは そぼ＿＿＿＿＿＿＿＿＿＿。
A：そうですか。

③

A：すてきな ネクタイですね。
B：ありがとうございます。
　　きのう ＿＿＿＿＿＿＿＿＿。
A：へえ、いいですね。

④

A：わあ、ケーキと ワイン！
B：ええ。これは Cさん＿＿＿＿＿＿＿。
　　これは ＿＿＿＿＿＿＿＿＿＿＿＿。
A：そうですか。じゃあ、わたしは これ。
　　おたんじょう日、おめでとうございます！

2

①

1)
どこ

2)
いつ

②

A：いのうえさんに 何か けっこんの
　　おいわいを ＿＿＿＿ましょうか。
B：そうですね。＿＿＿＿＿＿は
　　どうですか。
C：う～ん。わたしは ＿＿＿＿が
　　いいと 思います。

3

①

1)
しゅうしょくが きまりました。
かぞくと しょくじに 行きました。

2)
あねの こどもが うまれました。
おもちゃを あげました。

②

A：きれいな グラスですね。
B：ええ。これは おきなわへ（行きます→）
　　_____ とき、_____。
A：へえ。すごいですね！

③

A：これ、どこですか。
B：ふじ山です。きょねん 友だちが
　日本へ（来ます→）_____ とき、
　いっしょに（のぼります→）_____。
A：そうですか。
　わたしも のぼりたいです！

4

①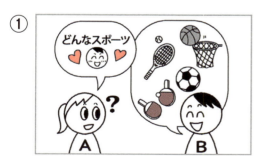

A：どんな スポーツが すきですか。
B：_____ とか、
　_____ とかが すきです。

②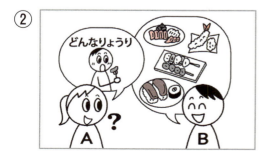

A：きょうは どんな りょうりが
　食べたいですか。
B：そうですねえ… _____、
　_____ が いいです。

はなしましょう

できますか？

じゆうに はなしましょう

☑ お祝いに何をあげるか相談できる。
　You can ask about what to give as a gift.
☑ お祝いをもらって、お礼を言うことができる。
　You can express your gratitude for a gift.

ことば・ひょうげん

(お)いわい congratulations, congratulatory gift ／しゃしんたて picture frame
おめでとうございます Congratulations. ／おしあわせに may you find happiness
たいせつに します take good care of ...

- -

そぼ grandmother ／すてき(な) lovely ／さいふ wallet ／大学 university
(学校に)入ります enter school ／しゅうしょく getting a job
きまります be decided ／しょくじ meal ／うまれます be born ／おもちゃ toy
すごい amazing ／テニス tennis ／バスケットボール basketball ／たっきゅう table tennis
チケット ticket

11
－
1

ぶんけい

1. ＿＿＿＿＿は ＿＿＿＿＿に ＿＿＿＿＿を あげます

サラさんは いのうえさんに プレゼントを あげます。
わたしは 友だちに ケーキを あげます。

＿＿＿＿＿は ＿＿＿＿＿に ＿＿＿＿＿を もらいます

いのうえさんは サラさんに プレゼントを もらいます。
わたしは たんじょう日に 父に とけいを もらいました。

2. ＿＿＿＿＿ましょうか

プレゼント、何を あげましょうか。
プレゼント、どこへ かいに 行きましょうか。

3. ＿＿＿＿＿た とき、＿＿＿＿＿ました

けっこんした とき、とけいを もらいました。
大学に 入った とき、パソコンを もらいました。

4. ＿＿＿＿＿とか、＿＿＿＿＿(とか)＿＿＿＿＿

たんじょう日に はなとか、ワインとかを もらいました。
テニスとか、サッカーが すきです。

Lesson 11 2 母に つくって もらいました

すてきな シャツを きて います
Wearing a nice shirt

なかむら：
ブディさんの シャツ、
インドネシアの
バティックですね。
すてきですね。

ブディ：
ありがとうございます。

え、お母さんに！

母に つくって
もらいました。

ええ。日本に 来る とき、
3まい つくって
もらいました。

3まいも！
いいですね。

お母さん、
おじょうずですね。
とても にあって
いますよ。

ありがとうございます。

①

すてきな ネックレスですね。

ありがとうございます。
父に かって もらいました。

かいます	かって もらいます	かします	
(しゃしんを) とります		むかえに きます	

1)

かわいい にんぎょう・
友だちが つくりました

2)

むずかしい かんじ・
チンさんが おしえました

②

A：たなかさんに こうべへ
　　(つれて いきます →)＿＿＿＿＿＿＿。
B：よかったですね。

③

A：なかむらさんに しごとを
　　(てつだいます →)＿＿＿＿＿＿＿。
B：よかったですね。

④

A：タンさんに めがねを
　（なおします →）＿＿＿＿＿＿＿＿＿＿。
B：よかったですね。

⑤

A：あ、じしょ、だれに かりたの？
B：となりの クラスの Cさんに
　＿＿＿＿＿＿＿＿＿＿て もらった。
A：よかったね。

⑥

A：かぜ、なおりましたか。
B：はい。
A：ひとりで たいへんだったでしょう？
B：友だちに（来ます →）＿＿＿＿＿から
　だいじょうぶでした。
A：そうですか。よかったですね。

⑦

A：はじめて 日本へ 来たとき、
　どうでしたか。
B：わからないことが たくさん ありました
　から、＿＿＿＿＿＿＿＿＿＿＿＿＿＿＿。
A：そうですか。よかったですね。

2

① ◀193

1)
日本に 来ます・
父に もらいました

2)
会社に 入ります・
つくりました

②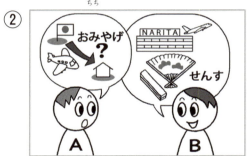

A：国へ ＿＿＿＿＿＿、かぞくと
　　友だちに 何か おみやげを
　　かいましたか。

B：はい。なりたくうこうで
　　＿＿＿＿＿＿＿＿。

③

A：Bさんの ペン、すてきですね。
B：ありがとうございます。
　　日本に ＿＿＿＿＿＿＿、
　　そふに ＿＿＿＿＿＿＿＿。

④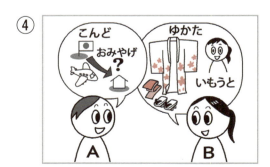

A：こんど 国へ かえる とき、
　　どんな おみやげを かいますか。
B：そうですねえ…。
　　ゆかたを ＿＿＿＿＿＿＿＿。
　　いもうとに あげたいですから。

はなしましょう

できますか？ 　　　じゆうに はなしましょう

- ☑ 持っているものや着ているものなどをほめられてお礼を言うことができる。
  You can express your thanks for a compliment about your possessions or clothing.
- ☑ もらったものや作ってもらったものなどについて、だれにいつもらったか簡単に説明することができる。
  You can simply explain about something you have received.

ことば・ひょうげん

バティック batik ／〜まい：１まい (counter for flat objects): one
にあいます suit someone, look good

- -

にんぎょう doll ／つれて いきます take someone along ／てつだいます help
（めがねを）なおします repair glasses ／クラス class ／かぜ cold ／なおります recover
サングラス sunglasses ／せんす folding fan ／ゆかた Japanese summer kimono
おばあさん grandmother

ぶんけい

1. ＿＿＿＿＿＿ は ＿＿＿＿＿ に ＿＿＿＿＿ て もらいます

わたしは たなかさんに こうべへ つれて いって もらいます。
わたしは 友だちに じしょを かして もらいました。

2. ＿＿じしょ形＿＿ とき、＿＿＿＿＿＿

日本へ 来る とき、母に シャツを つくって もらいました。
こんど 国へ かえる とき、ゆかたを かいます。いもうとに あげます。

Lesson11 3 てつだって いただいて、ありがとうございました

かたづけて います
Tidying up

リ:
てつだいましょうか。

なかむら:
いいえ、わたしは
だいじょうぶです。

サラさんを てつだって
あげて ください。

わかりました。

サラさん、
てつだいましょうか。

サラ:
え、いいんですか。
すみません。
ありがとうございます。

みなさん、てつだって
いただいて、
ありがとうございました。

いえいえ。

なかむら:
はやく おわって、
よかったですね。

1

①

1)
しめます

2) とります

3)
てつだいます

②

A：あ、雨だ。きょう かさ ない。
B：これ、＿＿＿＿＿＿＿＿＿＿。
　　2本 ありますから。
A：ありがとうございます！

2

①

1)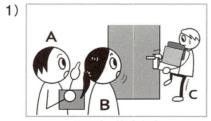
ドアを あけます

2)
きょうかしょを 見せます

②

かちょう：Aさん、Bさんの しごとを
　　　　　（てつだいます →）＿＿＿＿＿。
A：はい、わかりました。

③

先生：Aさん、Bさんに かんじを
　　　＿＿＿＿＿＿＿＿＿＿。
A：はい、わかりました。

④
A：わあ、Bさん、だいじょうぶですか！
B：はい…。
A：ちょっと まって ください。
　　Cさん！ Bさんの にもつを
　　＿＿＿＿＿＿＿＿＿！

3

① おしえて いただいて、ありがとうございました。
　どういたしまして。

◀199

1)
さくぶんを なおします

2)
そうじを てつだいます

3)
せきを かわります

②

A：先生、きょうかしょを
　　（かします →）＿＿＿＿＿＿＿、
　　ありがとうございました。
先生：はい。あしたは わすれないで
　　　ください ね。

233

③

A：かちょう、きのうは
（おくります →）＿＿＿＿＿＿＿＿＿、
ありがとうございました。

かちょう：ああ、いえいえ。

4

かぜ、はやく なおって、よかったですね。

200

①

A：Bさんの クラスは どうですか。
B：わたしの クラスは いろいろな 国の
　　学生が（います →）＿＿＿＿＿＿て、
　　たのしいです。

②

A：いい てんきですね。
B：ええ。雨が（ふりません →）
　　＿＿＿＿＿＿＿＿、よかったですね。
A：そうですね。

③

A：ちょっと 休みませんか。
　　たくさん ＿＿＿＿＿＿＿＿、
　　つかれました。
B：そうですね。休みましょう。

はなしましょう

できますか？

じゆうに はなしましょう

☑ 困っている人に手助けを申し出ることができる。
You can offer to help someone.

☑ してもらったことに対して、お礼を言うことができる。
You can express your gratitude to someone for helping you.

ことば・ひょうげん

とります take ／〜本：2本 (counter for long objects): two ／見せます show
どういたしまして You're welcome. ／さくぶん essay, composition
（さくぶんを）なおします correct a composition ／せきを かわります trade seats
おくります escort, take ／いろいろ（な）various ／つかれます be tired

ぶんけい

1. 　　　　　　　　ましょうか

まどを しめましょうか。
しごとを てつだいましょうか。

2. 　　　　　　て あげて ください

本を とって あげて ください。 ― はい。わかりました。
なかむらさん、アティさんの しごとを てつだって あげて ください。
　　― はい。わかりました。

3. 　　　　　　て いただいて、ありがとうございました

てつだって いただいて、ありがとうございました。
きょうかしょを かして いただいて、ありがとうございました。

4. 　　　　　　て、

かぜが はやく なおって、よかったですね。
わたしの クラスは いろいろな 国の 学生が いて、たのしいです。

アクティビティー

かんがえましょう

二人は かちょうに ごちそうに なりました。
つぎの 日、二人は どう しましたか。

はなしましょう

つぎに 会った とき、あなたなら どう しますか。

(1)

(2)

(3)

(4)

よみましょう

日本の 大学生が りょこうを しました。

2年前 わたしは 外国りょこうを しました。ある まちで バスに のりたいと 思いました。バスが 来ました。でも、きっぷが ないので、うんてんしゅが だめだと 言いました。わたしは きっぷうりばを さがしましたが、わかりませんでした。また バスが 来ました。わたしは バスの うんてんしゅに えいごで「きっぷは どこで かいますか」と 聞きました。でも、うんてんしゅは えいごが わかりません。その とき、バスの 中に いた 女の 人が ①「どうしたんですか」と 言いました。日本語でした。わたしは びっくりしましたが、日本語で せつめいを しました。女の 人は うんてんしゅに 何か 言いました。そして、バスを おりて、わたしを ちかくの みせに つれて いきました。そこで わたしは きっぷを かいました。バスは まって いました。わたしは みんなに「ありがとうございます」と 言いました。そして、②わたしも これから「どうしたんですか」と 言いたいと 思いました。

【しつもん１】 どうして 女の 人は ①「どうしたんですか」と 言いましたか。
【しつもん２】 この 大学生は どんな ときに ②「どうしたんですか」と 言うと思いますか。

かきましょう

おれいの メールを 書きましょう。

◆トムさんは
　やまださんの いえへ 行きました。

やまださん
きょうは おじゃましました。おいしい
りょうりを ありがとうございました。
日本の いえは はじめてでした。
とても たのしかったです。ありがとう
ございました。
トム

◆わたしは
　＿＿＿＿＿＿＿＿＿＿ました。

＿＿＿＿さん
＿＿＿＿＿＿＿＿＿＿＿＿
＿＿＿＿＿＿＿＿＿＿＿＿
＿＿＿＿＿＿＿＿＿＿＿＿
＿＿＿＿

コラム3　助詞①

〈の〉

わたしの かさ

日本語学校の 学生

サラさんの 前　サラさんの 後ろ

イタリアの ワイン

〈から〉

わたしは 中国から 来ました。

〈を〉

くつを 買います

コーヒーを 飲みます

〈へ〉

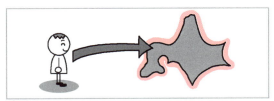
ほっかいどうへ 行きます

〈で〉

ひこうきで 行きます

Lesson 12

おねがいする

Making Requests

1 おしえて ください

2 見て いただけませんか
　　み

3 けしゴム、かして

4 帰っても いいですか
　　かえ

Lesson12　1 おしえて ください

203　きゅうかとどけを 書きます
Writing a vacation request

シン：
リさん、わたし、来月 1しゅうかん 帰国するんです。

リ：
いいですね。
きゅうかとどけは 出しましたか。

え！
きゅうかとどけ？

はい。なかむらさんに 出すんです。

わかりました。

なかむらさん、わたし、来月 帰国するんですが、きゅうかとどけの 書きかたを おしえて ください。

なかむら：
はい。この かみに 理由を 書いて、はんこを おして、出して ください。

はい。わかりました。

なかむらさん、これで いいですか。見て ください。

はい。

241

1

①

3時の 東北しんかんせんに のるんですが、のりばを おしえて ください。

のります	のるんですが	ミーティングを します	
よていが あります		時間が ありません	
メールを よみました		テレビを みて います	
今 いそがしいです		かんたんです	かんたんなんですが
国へ かえりたいです		もう 9時です	

1)
とっきゅうけんを 買いたいです

2)
この ことばの いみが わかりません

3)
この つくえを はこびます

②

A：くうこうへ （行きたいです→）
　　　　　　　んですが、タクシーを
（よびます→）　　　　　　　　。

ホテルの 人：わかりました。

③

A：これ きのう（買いました→）
　　＿＿＿＿＿＿んですが、こわれています。
　　（とりかえます→）＿＿＿＿＿＿＿＿。
てんいん：はい。すみません。

④

A：もう（しゅっぱつの 時間→）
　　＿＿＿＿＿＿＿＿んですが、
　　まだ 田中さんが 来て いません。
　　みなさん、もう 少し（まちます→）
　　＿＿＿＿＿＿＿＿＿＿＿。

2

①

1)
電話を かけます

2)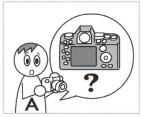
カメラを つかいます

3)
バスに のります

②

A：すみません。この（コピーきを
　　つかいます→）＿＿＿＿＿＿を
　　おしえて ください。
B：はい。ここに ボタンが あります。
　　上が でんげん、下が スタートです。

③

A：あ、きもの！
　　（きものを きます→）＿＿＿＿＿＿を
　　しって いますか。
B：いいえ、しりません。

④

A：この（かぎを あけます→）_____、しってる？
B：ううん、しらない。
C：しってる。右に まわして 2、左に まわして 7だよ。

3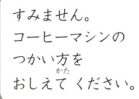

すみません。コーヒーマシンの つかい方を おしえて ください。

ここに カップを おいて、この ボタンを おして、まちます。

206

①

A：これ、どうやって 食べますか。
B：（ゆでます→）_____、
　（バターを つけます→）_____、
　食べます。

②

A：この ロッカー、どうやって つかうの？
B：（100円を 入れます→）_____、
　（ドアを しめます→）_____、
　（かぎを 左に まわします→）
　_____んだよ。

③

A：毎朝 何を しますか。
B：わたしは、7時_____、
　_____て、_____。

はなしましょう

できますか？ 　　これも できますか？

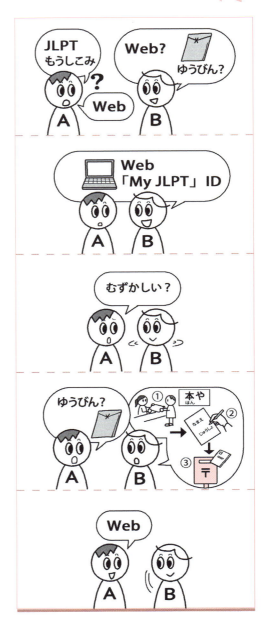

- ☑ 理由を言って、簡単なお願いをすることができる。
  You can give a reason and make a simple request.
- ☑ 簡単な手順を聞いて、理解することができる。
  You can ask about and understand a simple procedure.

ことば・ひょうげん

来月（らいげつ）next month ／帰国します（きこく）return to one's country ／きゅうかとどけ vacation request form
かみ paper ／理由（りゆう）reason ／はんこ personal seal, name seal ／おします press, stamp

- -

東北しんかんせん（とうほく）Tohoku shinkansen, Tohoku bullet train ／のりば platform ／よてい plan
メール email ／ミーティング meeting ／とっきゅうけん express ticket ／ことば word
いみ meaning ／はこびます carry ／こわれます break ／とりかえます replace
しゅっぱつ departure ／電話を かけます（でんわ）make a call ／ボタン button ／でんげん electrical power
スタート start ／しって います know ／しりません don't know ／まわします turn
コーヒーマシン coffee machine ／カップ cup ／どうやって how ／ゆでます boil
（バターを）つけます spread butter on ／けっせきとどけ absence request ／じむしょ office
ＪＬＰＴ・日本語のうりょくしけん（ジェイエルピーティー・にほんご）Japanese Language Proficiency Test
もうしこみ application ／Ｗｅｂ（ウェブ）the web, the internet ／ゆうびん post, postal service
ＩＤ（アイディー）identification

12 – 1

ぶんけい

1. ［＿＿＿＿＿＿＿＿＿＿＿＿］んですが、［＿＿＿＿＿＿＿＿＿］て ください

　ことばの いみが わからないんですが、おしえて ください。
　これを はこぶんですが、てつだって ください。

2. ［＿＿＿＿＿＿＿＿＿＿＿＿＿］方（かた）

　チケットの 買い方（か　かた）を おしえて ください。
　コピーきの つかい方（かた）が わかりません。

3. ［＿＿＿＿＿＿＿＿＿］て 、［＿＿＿＿＿＿＿＿＿］て 、［＿＿＿＿＿＿＿＿＿＿＿＿＿］

　ここに カップを おいて、この ボタンを おして、まちます。
　毎日（まいにち） 7時（じ）に おきて、朝（あさ）ごはんを 食べて（た）、学校（がっこう）へ 行きます（い）。

Lesson12 2 見て いただけませんか

おしらせが 来ました
Receiving a notification

タン：
先生、すみません。
ちょっと おねがいが
あるんですが。

あおき：
はい。何ですか。

ゆうびんきょくから
おしらせが
来たんですが、
見て いただけませんか。

はい、いいですよ。

え、電話ですか！
むりです。

ゆうびんきょくに
にもつが ありますから、
ここに 電話を して
ください。

先生、電話して
いただけませんか。

だいじょうぶですよ。
電話する まえに、
れんしゅうしましょう。

はい、わかりました。
やって みます。

1

①

すみません。
<u>かさが ない</u>んですが、
<u>かして</u> いただけませんか。

はい。
いいですよ。

1)
メールの 書き方が わかりません

2)
きょうかしょを わすれました

3)
さむいです

②

A：すみません。さくらホールの ばしょが
　（わかりません→）＿＿＿＿＿んですが、
　（ちずを 書きます→）＿＿＿＿＿＿。
B：はい、ちょっと まって ください。

③

A：すみません。こんどの イベントの ことで
　ちょっと そうだんしたいんですが。
B：すみません。きょうは（時間が ありません→）
　＿＿＿＿＿＿＿＿＿んですが、
　（あしたに します→）＿＿＿＿＿＿。
A：わかりました。

④

A：すみません。らいしゅう
　（テストです→）＿＿＿＿＿、
　土よう日の アルバイトを
　（かわります→）＿＿＿＿＿＿＿。
B：ああ、いいですよ。
　テスト がんばって ください。

①

くすりを のむ まえに、これを 読んで ください。
はい。

1) てを あらいます・しょくじします

2) たいそうします・およぎます

3) まどを あけます・そうじします

②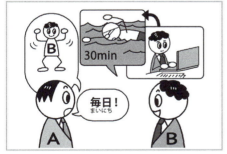

A：来月 国へ 帰ります。
B：え、そうですか。
　（帰ります→）＿＿＿＿＿＿＿、
　電話して ください。
　いっしょに しょくじを しましょう。
A：はい、ぜひ。

③

A：Bさん、いつも げんきですね。
B：はい。毎日 しごとの ＿＿＿＿＿＿、
　30分 およいで います。
A：え、毎日！

④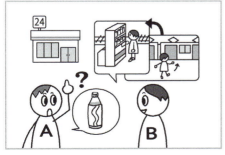

A：Bさん、のみものを 買いませんか。
B：あ、わたしは 電車に
　（のります→）＿＿＿＿＿＿＿＿＿＿、
　ホームで 買います。

3

①

▶ 212

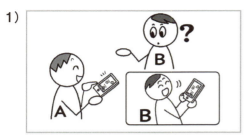
おもしろい・やります

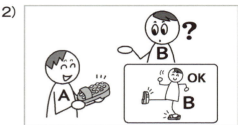
きもちがいい・はきます

②

A：この ワイン、おいしいですよ。
B：（のみます→）_____ いいですか。
A：はい、どうぞ。

③

A：この くつ、いいですね。
てんいん：どうぞ（はきます→）
　　　　　_____ ください。
A：あ、ちょっと 小さいですね。
　　もう 少し 大きいのは ありますか。

④

A：これ、何？
B：せっけん。（つかいます→）
　　_____。いい においだよ。
A：へえ、ありがとう。

はなしましょう

できますか？ 　　これも できますか？

✅ 理由を言って、ていねいにお願いをすることができる。
　You can give a reason and make a polite request.
✅ 困っていることを言って、手助けを求めることができる。
　You can explain a problem and ask for help.

ことば・ひょうげん

おねがい request ／おしらせ notification ／むり(な) impossible ／れんしゅうします practice
やります do

- -

ホール hall ／ばしょ place ／ちず map ／イベント event ／こと what, things
そうだんします discuss ／(アルバイトを)かわります take one's shift
しょくじします have a meal ／たいそうします exercise ／そうじします clean
ホーム platform ／せっけん soap ／におい smell ／ガス gas ／こうじ construction
てんちょう store manager, restaurant manager

ぶんけい

12-2

1. 　　　　　　　　んですが、　　　　　　　て いただけませんか
   さくらホールの ばしょが わからないんですが、おしえて いただけませんか。
   きょうかしょを わすれたんですが、かして いただけませんか。

2. **じしょ形** **まえに、**
   食べる まえに、てを あらいます。

   　　　　　　の まえに、
   しょくじの まえに、てを あらいましたか。 —はい、あらいました。

3. 　　　　　　て みます
   これ、おいしいですよ。 —そうですか。食べて みます。
   この くつ いいですね。 —どうぞ はいて みて ください。

Lesson12 3 けしゴム、かして

215 けしゴムを かります
Borrowing an eraser

タン:
キムさん、けしゴム、かして。

ありがとう。

キム:
はい。

あっ!

キムさん、ごめん。
おねがいが あるんだけど。

また けしゴム
わすれたから、
かして くれない?

何?

え、きのう かした
けしゴムは?

それも わすれた。

ひどい!
はい。ちゃんと
かえしてね。

うん、かえすよ。
ごめんね。
ありがとう。

② これ、何の 本ですか。
クイズの 本です。
こどもが <u>**読む**</u> 本です。

221

1) おとなが 読みます

2) 人気が あります

③

A：あ、あの 人、テレビで よく
　　（見ます→）＿＿＿＿＿＿＿人です。
B：え、どの 人 ですか。
A：あの、あおい シャツを （きて います→）
　　＿＿＿＿＿＿ 人です。
B：ああ、朝の ニュースばんぐみに
　　（出て います→）＿＿＿＿ 人ですね。
　　かしゅの マリアと（けっこんしました→）
　　＿＿＿＿＿＿ 人ですよ。

④

A：この 学校、しってる？
B：デザインを （べんきょうします→）
　　＿＿＿＿＿＿ 学校だよ。
　　ゆうめいな デザイナーが（出ました→）
　　＿＿＿＿＿＿ 学校で、
　　外国人の 学生も たくさん いるよ。

⑤

A：この ちかくに 日本の ちずを
　　（うって います→）＿＿＿＿＿＿と
　　ころが ありますか。
B：ありますよ。えきの 前の ほんやで
　　うって いますよ。

はなしましょう

できますか？ これも できますか？

①

②

- ✔ 友だちに簡単なお願いをすることができる。
  You can make a simple request to your friend.
- ✔ 友だちに頼みにくいことを頼むことができる。
  You can ask your friend for a favor that may be difficult for your friend to do.

ことば・ひょうげん

けしゴム eraser ／ひどい awful ／ちゃんと properly ／かえします return

- -

ねこ cat ／（でんきを）つけます turn on ／わたします pass ／クイズ quiz
おとな adult ／ニュース news ／ばんぐみ TV program
（テレビに）出ます appear on a TV program ／かしゅ singer ／デザイン design
デザイナー designer ／外国人 foreigner ／うります sell

ぶんけい

1. ＿＿＿＿＿＿＿て 。

まど、あけて。
きょうかしょ、かして。

2. ＿＿＿＿＿＿＿て くれない？

お金、かして くれない？
えきまで おくって くれない？

3. ＿ふつう形＿＿＿＿＿＿＿

これは コンビニで 買った かさです。
あの 人は ニュースばんぐみに 出て いる 人です。

258

Lesson 12 ４ 帰っても いいですか

225 びょういんへ 行きたいです
Going to the hospital

ラマ：
先生、すみません。

あおき：
はい。あ！ラマさん、どうしたんですか。

あ、はい。
かいだんから
おちたんです。

え！

それで、きょうは
びょういんへ 行くので、
はやく 帰っても
いいですか。

はい。

ええ。
びょういん、一人で
だいじょうぶですか。

あのう、
かんじの テストは
きょう うけなくても
いいですか。

はい。らいしゅうで
いいですよ。

はい。

おだいじに。

ありがとうございます。

1

すみません。くらいので、電気を つけても いいですか。

◀ 226

いたいです	ので	いたかったです	ので
しずかです	**なので**	しずかでした	ので
いきます	ので	いきました	ので
わかりません	ので	わかりませんでした	ので
やすみです	**なので**	やすみでした	ので

1)
おなかが いたいです・トイレへ 行きます

2)
ゆうびんばんごうが わかりません・書きません

3)
にもつが たくさん あります・タクシーで 行きます

2

A：メールで
　（れんらくしました→）＿＿＿＿＿＿ので、
　（電話しません→）＿＿＿＿＿＿か。
B：いいえ。電話も おねがいします。
　くわしく せつめいして ください。

3

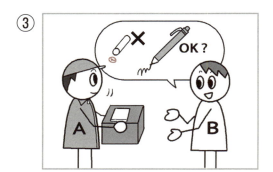

A：たくはいびんです。
B：あ、いんかんが
　（ありません→）＿＿＿＿＿＿、
　サインでも いいですか。
A：はい、けっこうです。

④

1)
つかれました・
休みます

2)
おなかが すきました・
そのチョコレートを 食べます

3)
きれいです・
そうじを しません

⑤

A：ジュースを （買いたいです→）
_____ から、
コンビニに （よります→）_____？
B：うん、いいよ。

⑥

1)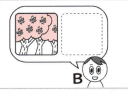
さくらが さきました・
_____

2)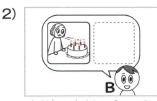
友だちの たんじょう日です・
_____

3)
つかれて います・
_____

⑦

A：あたらしい パソコン、買いましたか。
B：いいえ。（高かったです→）_____
ので、買いませんでした。
A：そうですか。

2

① どうしたんですか。 / おなかが いたいんです。

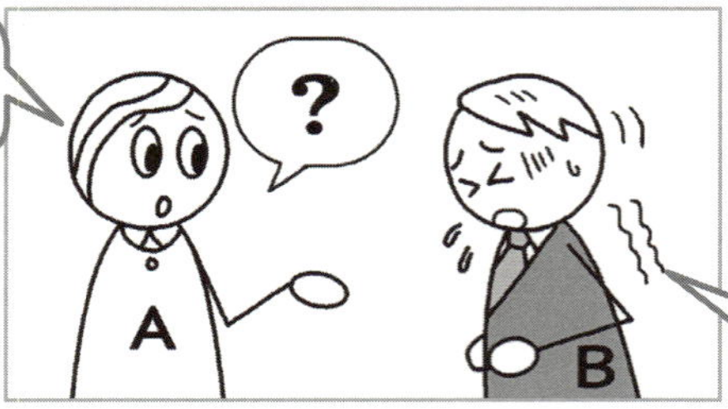

1) 2) 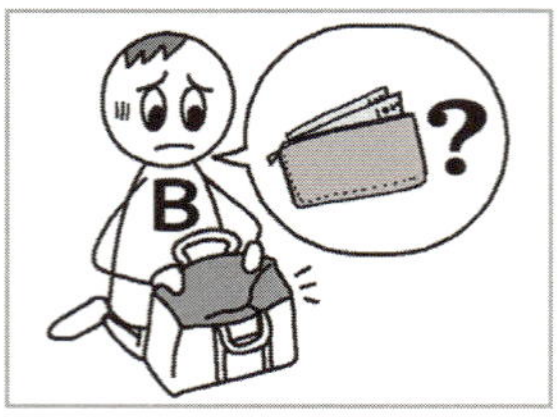 3)

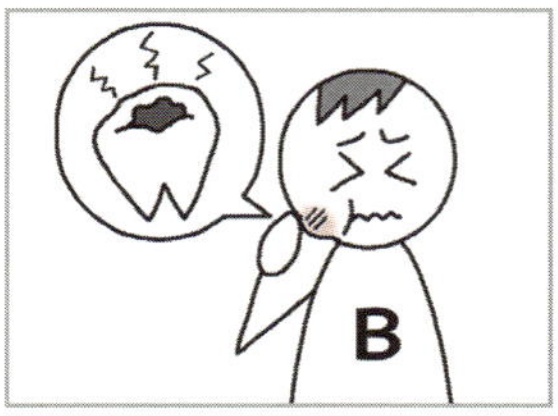

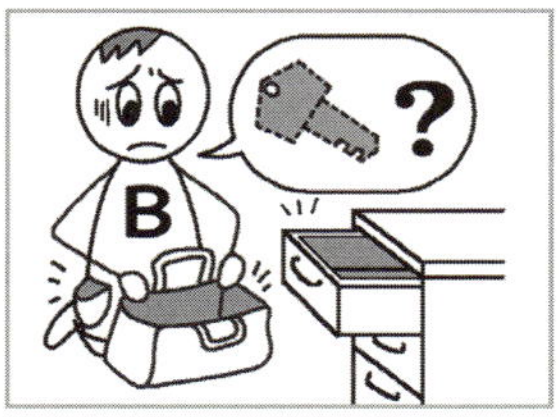

②
A：あ〜。 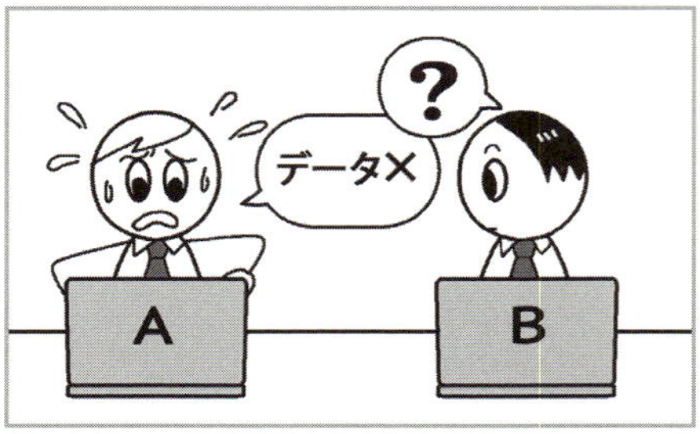
B：＿＿＿＿＿＿＿＿＿＿。
A：データが（きえました→）＿＿＿＿＿＿＿＿＿＿んです。

③ どうして 休んだんですか。 / おなかが いたかったんです。

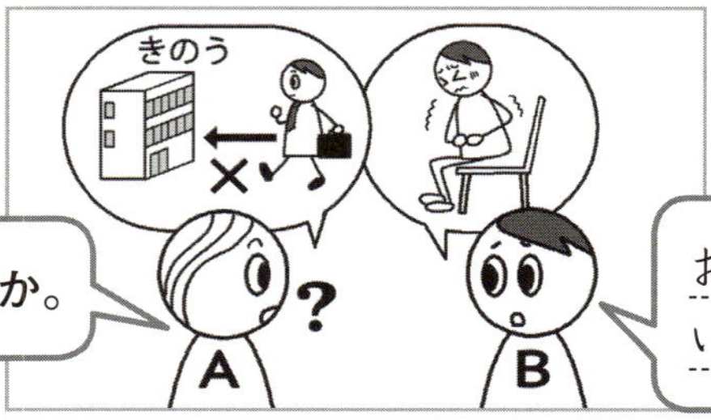

1) 帰りません・_____
2) ないています・_____

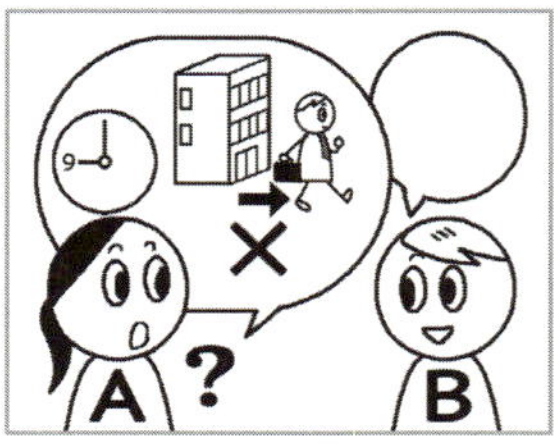

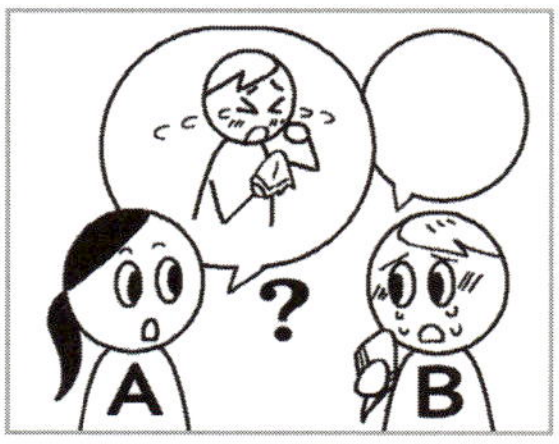

④ 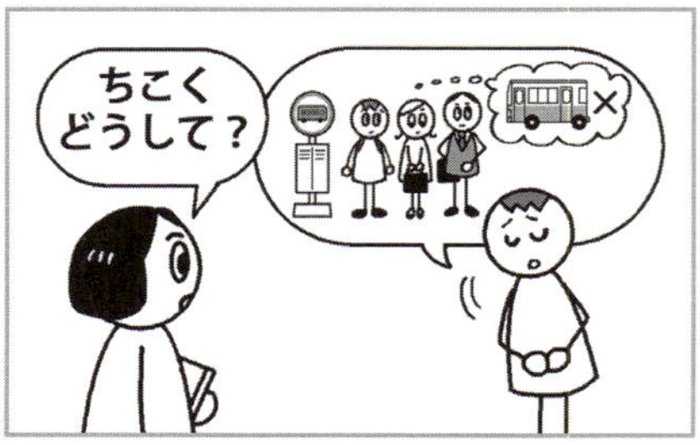
先生：どうして（ちこくしました→）＿＿＿＿＿＿＿＿＿＿。
A：すみません。バスが（来ませんでした→）＿＿＿＿＿＿＿＿＿＿。
先生：ああ、そうですか。

はなしましょう

できますか？ 　　じゅうに はなしましょう

☑ 体調が悪いことを伝えて早退したり、休んだりすることができる。★★★
　You can explain that you feel unwell and go home early or take a rest.
☑ 理由を言って、許可をもらうことができる。★★★
　You can give a reason and receive permission (to leave early).

ことば・ひょうげん

おちます fall ／ （テストを）うけます take a test ／ おだいじに Get well soon.

くらい dark ／ おなか stomach ／ ゆうびん番号 post code, zip code ／ れんらくします contact
くわしく detailed, in detail ／ たくはいびん home delivery service
いんかん personal seal, name seal ／ サイン signature ／ けっこうです That's okay.
よります drop by, come by ／ さくら cherry blossom ／ さきます bloom ／ あ〜 Oh no!
データ data ／ きえます be deleted ／ なきます cry ／ ちこくします be late for

ぶんけい

1. 　　　　　　　　　　ので、　　　　　　　　　ても いいですか

　　あたまが いたいので、帰っても いいですか。　— はい、いいですよ。
　　あたまが いたいので、テストを うけなくても いいですか。　— はい、いいですよ。

　　　　　　　　　　　　から、　　　　　　　　ても いい?

　　おなかが すいたから、その チョコレートを 食べても いい?　— うん、いいよ。
　　きれいだから、そうじを しなくても いい?　— うん、いいよ。

　　　　　　　　　　ので、

　　はが いたいので、はいしゃへ 行きます。
　　時間が ないので、タクシーで 行きました。

2. どうしたんですか。　—　　　　　　　　　んです

　　どうしたんですか。　— さいふが ないんです。
　　どうしたんですか。　— おなかが いたいんです。

　　どうして　　　　　　　　　んですか　—　　　　　　　　んです

　　どうして 学校を 休んだんですか。— あたまが いたかったんです。
　　どうして 帰らないんですか。— まだ しごとが おわらないんです。

アクティビティー

はなしましょう

あのう、すみません。**時間に まにあわないんですが、てつだって いただけませんか。**

いいですよ。何を しましょうか。

すみません。これを おねがいします。
ありがとうございます。

かんがえましょう・はなしましょう

あなたは こまって います。たのんで ください。

(1)

(2)

(3)

(4)

よみましょう

大学の けいじばんに おしらせが はって あります。

日本語クラスの しけんの おしらせ

7月20日	聞きとり 9：00～10：00　　ぶんぽう 10：30～11：30
7月21日	日本ぶんか 9：00～10：00　　会話 11：00～17：00

　来月 日本語クラスの しけんを します。しけんは 4つ ありますが、日本ぶんかは レポートでも いいです。レポートに したい 人は 7月5日までに クラスの 先生に もうしこんで ください。ほかの しけんは ぜんいん うけなくては いけません。

　会話の しけんは 一人 15分です。しけんの 時間は メールで しらせます。じぶんの 時間を 見て ください。時間に おくれないで ください。

【しつもん1】この あと 学生は 何を しますか。
【しつもん2】学生は いくつ しけんを うけますか。
【しつもん3】この おしらせが 出た 日は いつですか。
　　　　　　1．6月20日　　2．7月1日
　　　　　　3．7月5日　　　4．7月10日

かきましょう

今夜 友だちと 7時に 会う やくそくを しました。でも、しごとが たくさん あります。ほかの 日に したいです。メールで おねがいして ください。

_____さん

_____

_____

コラム4　体・病気

体

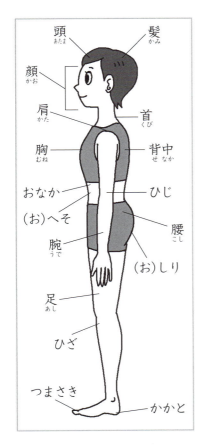

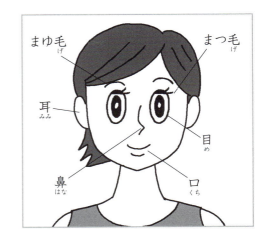

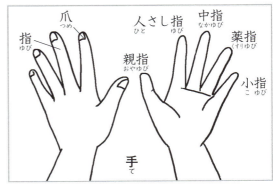

病気

かぜを ひきました

頭が いたいです

おなかが いたいです

Lesson 13
さそう・ことわる
Making Invitations / Rejecting Invitations

1 わしょくは どうですか

2 その 日は ちょっと

3 行って みない？

Lesson13 １ わしょくは どうですか

どうりょうを さそいます
Inviting a coworker

いのうえ：
きょう、しごとが おわったら 飲みに 行きませんか。

リ：
ああ、いいですね。行きましょう。

きょうは わしょくが 食べたいです。

いいですね。

すしとか、やきとりは どうですか。

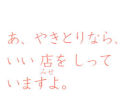

あ、やきとりなら、いい 店を しって いますよ。

おいしくて、きれいな 店です。にほんしゅも いろいろ ありますよ。

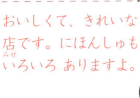

いいですね。じゃ、そこに しましょう。

1

① ◀ 234

1) いっしょに 見ます
2) 少し 休みます
3) 行って みます

② A：Bさん！ここ、あいて いますよ。
　　いっしょに ＿＿＿＿＿＿＿＿＿＿か。
　B：はい。

2

① ◀ 235

おわります	おわったら	いきます	
たべます		（学校へ）きます	
よみます		します	

1)
かいものが おわります・
カフェで おちゃを 飲みます

2)
へやを かたづけます・
出かけます

3)
先生が 来ます・
聞きます

②

A：(しごとが おわります →)
＿＿＿＿＿＿＿＿＿たら、
＿＿＿＿＿＿＿＿＿ませんか。
B：いいですね。

③

A：これから 電車に のるよ。
B：(えきに つきます →)
＿＿＿＿＿たら、＿＿＿＿＿。
むかえに 行くから。
A：うん、わかった。ありがとう。

④

A：すみません。はさみ、かります。
B：はい、どうぞ。
　(つかいます →)＿＿＿＿＿＿、
　ここに もどして くださいね。

3

①

すしが 食べたいです。

すしなら、いい 店を しって いますよ。

236

1)

パソコンを かいたいです・
あきはばらの 店が いいです

2)

かいぎの しりょうが ありませんね・
ここに あります

②

A：あれ？ リさんが いませんね。
B：＿＿＿＿＿＿＿＿＿＿なら、
　　＿＿＿＿＿＿＿＿＿＿。
A：ああ、そうですか。

③

A：タンさん いる？
B：＿＿＿＿＿＿＿、
　　＿＿＿＿＿＿＿よ。
A：ええ？ もう 帰ったの？

④

A：ああ、つかれた。コーヒーを 飲みに
　　行きませんか。
B：＿＿＿＿＿＿＿＿、わたしが
　　いれますよ。
A：え！ すみません。
　　ありがとうございます。

はなしましょう

できますか？ 　　じゆうに はなしましょう

☑ 同僚を食事などに誘うことができる。★★★
You can invite a coworker out to a meal.

☑ 誘いを受けて、どの店がいいか相談ができる。★★★
You can accept an invitation and discuss where to go.

ことば・ひょうげん

わしょく Japanese food ／やきとり yakitori, chicken skewers ／じゃ well

少し a little ／(せきが)あきます a seat be available ／もどします return ／かいぎ meeting
しりょう document(s) ／かいぎしつ meeting room ／ええ? Oh, really?
コーヒーを いれます make coffee ／ちゅうかりょうり Chinese food ／デザート dessert

ぶんけい

1.　＿＿＿＿＿＿＿＿ませんか

いっしょに 帰りませんか。 ― はい。
新しい レストランへ 行って みませんか。 ― いいですね。

2.　＿＿＿＿＿たら、＿＿＿＿＿

じゅぎょうが おわったら、カラオケに 行きましょう。
えきに ついたら、電話を して ください。

3.　＿＿＿＿＿＿ ― ＿＿＿＿＿なら、＿＿＿＿＿＿

わしょくが 食べたいです。 ― わしょくなら、いい 店を しっていますよ。
タンさん、先生が よんで いますよ。 ― タンさんなら、帰りましたよ。

13
–
1

274

Lesson 13 2 その日は ちょっと

🔊 239　　ゴルフに 行く そうだんを します
　　　　　Discussing going to play golf

いのうえ：
今週の 日よう日、ゴルフに いっしょに 行きませんか。

シン：
今週の 日よう日ですか。ゴルフは したいんですが、その日は ちょっと よていが あるんです。

そうですか。じゃあ、来週の 土よう日か 日よう日は どうですか。

いいですね。日よう日なら、だいじょうぶです。

じゃあ、来週の 日よう日。ゴルフの あとで、おんせんに 入ったり、飲んだり しましょう。

いいですね。たのしみです。

1

①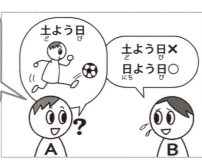

1)  2) (example 2) 3)

②
A: えんぴつ、ありますか。
B: いいえ、ありません。
　　でも、_____なら、
　　_____よ。

③
A: Bさん、中国語が わかりますか。
B: いいえ、わかりません。
　　_____なら、
　　_____よ。

2

①

1)  2)

②

A：人が たくさん いますね。
B：ええ。＿＿＿＿＿＿＿＿＿り、
　　＿＿＿＿＿＿＿＿り して いますね。

③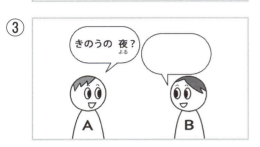

A：Bさんは きのうの 夜 何を しましたか。
B：＿＿＿＿＿＿＿＿＿＿、
　　＿＿＿＿＿＿＿＿＿＿ しました。

④

A：Bさんは しゅうまつ 何を しますか。
B：＿＿＿＿＿＿＿＿＿＿、
　　＿＿＿＿＿＿＿＿＿＿ します。

3

① ◀ 242

1) 　2) 　3)

②

A：Bさん、しごと＿＿＿＿＿＿＿、
　　ばんごはんを 食べに 行きませんか。
B：いいですね。行きましょう。

③

A：あ、おまつりが ありますよ。
B：へえ、きょうですね。
　（おひるごはんを 食べます →）
　＿＿＿＿＿＿＿＿＿＿＿＿、
　行って みませんか。
A：ええ、そうしましょう。

④

A：Bさん、これ 新しい ゲームだよ！
　しゅくだい＿＿＿＿＿＿＿＿ない？
B：え～！
　しゅくだい＿＿＿＿＿＿、したい！

4 飲みものは、コーヒーか こうちゃ（か）、どちらが いいですか。 — こうちゃが いいです。

① 243

1)
ミーティング・
水よう日・木よう日

2)
なつ休みの りょこう・
ほっかいどう・おきなわ

3)
プレゼントの リボン・
あか・あお

②

A：えいがを 見に 行きましょう。
　いつが いいですか。
B：＿＿よう日か＿＿よう日が いいです。
A：じゃあ、＿＿よう日に 行きましょう。

はなしましょう

できますか？

じゆうに はなしましょう

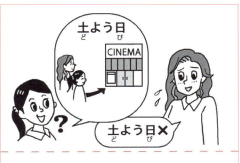

✔ 同僚を遊びに誘うことができる。★★★
You can invite a coworker to hang out.

✔ 同僚に誘われて、いつにするか、日程を相談することができる。★★★
You can discuss the date and time when your coworker asked you to go out together.

ことば・ひょうげん

さんぽ taking a walk ／(お)ひるごはん lunch ／リボン ribbon

ぶんけい

1. ［　　　　　　　　　］ーー ［　　　　　　　　］なら、［　　　　　　　］

土よう日、サッカーを しませんか。
　　ーー すみません。土よう日は ちょっと。日よう日なら、だいじょうぶです。
ペンを かして ください。 ーー えんぴつなら、ありますよ。

2. ［　　　　　　　　　］たり、［　　　　　　　　］たり ［　　　　　　　　］

休みの日は 買いものしたり、さんぽしたり します。
きのうの 夜は 何を しましたか。
　　ーー テレビを 見たり、友だちに 電話したり しました。

3. ［　　　　　　　　］の あとで、［　　　　　　　］

しょくじの あとで、えいがを 見ます。

　［　　　　　　　　　］た あとで、［　　　　　　　］

しょくじを した あとで、えいがを 見ます。

4. ［　　　　　　　　］か ［　　　　　　　］(か)、［　　　　　　　］

コーヒーか こうちゃ(か)、どちらが いいですか。 ーー コーヒーが いいです。

Lesson13 3 行ってみない？

友だちを さそいます
Inviting a friend

タン：
ねえ、しってる？ 今週の
土よう日と 日よう日、
みどりこうえんで
タイフェスティバルが
あるよ。

キム：
ふうん。

行ってみない？
タイの かしゅの
うたとか、
タイの りょうりとか、
いろいろ あるよ。

う～ん。

でも、わたしは
人が 多い ところは
いやだなあ。

え、行こうよ。
たのしいと 思うよ。

う～ん、
こんどの しゅうまつは
いえで ゆっくり
休もうと 思ってるから。
ごめんね。

そう。ざんねんだな。

1

① 247

これ、おもしろいよ。
読んで みない？

うん。

1)
おもしろいです

2)
おいしいです

3)
いいです

②

A：Bさん、この 新しい ゲーム、
（やります →）＿＿＿＿＿＿＿？
B：うん、やりたい！

③

A：この かんじ、むずかしいね。
読み方、わかる？
B：ううん。
ねえ、チンさんに（聞きます →）
＿＿＿＿＿＿＿＿？
チンさんは かんじを たくさん
しって いるから。

2

①

いっしょに 食べませんか。
ええ、食べましょう。

いっしょに 食べない？
うん、食べよう。

たべます	たべよう	はじめます	
いそぎます		かります	
まちます		おきます	
いいます		べんきょうします	
おぼえます		もって きます	

1)
2)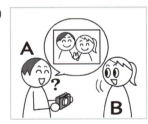
3)

②

A：あした、テストだね。
　　Bさん、これから いっしょに
　　＿＿＿＿＿＿＿＿＿＿？
B：うん、いいよ。
　　＿＿＿＿＿＿＿＿＿＿。

③

A：じゅぎょうが おわったら、
　　＿＿＿＿＿＿＿＿＿＿？
B：うん、いいよ。＿＿＿＿＿＿。
C：わたしは きょうは ちょっと。
　　ごめんね。また こんど。
A：そう。ざんねんだな。

3

① ◀249

1)    2) 2)の図   3)

②

A：Bさん、れんきゅう 何を しますか。
B：りょこうしよう＿＿＿＿＿＿＿＿。
　 Aさんは？
A：わたしは ＿＿＿＿＿＿＿＿＿＿＿＿。

③

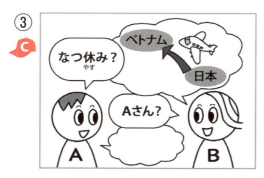

A：Bさん、なつ休み、どうする？
B：国へ ＿＿＿＿＿＿と 思ってる。
　 Aさんは？
A：わたしは

　　＿＿＿＿＿＿＿＿＿＿＿＿＿＿。

④

A：そつぎょうしたら どうしますか。
B：＿＿＿＿＿＿＿＿＿＿＿＿＿＿＿。

はなしましょう

できますか？ 　　じゆうに はなしましょう

- ✔ 友だちをイベントに誘うことができる。
  You can invite a friend to an event.
- ✔ 友だちにイベントに誘われて、断ることができる。
  You can turn down a friend's invitation to an event.

ことば・ひょうげん

フェスティバル festival ／いや(な) unfavorable, unpleasant
ざんねん(な) too bad, unfortunate

もって きます bring (a thing) ／そつぎょうします graduate
ぼんおどり bon odori, bon dancing ／ぶんかさい culture festival

ぶんけい

1. 　　　て みない？

   この まんが、おもしろいよ。読んで みない？ —うん、読んで みる。
   この かんじ、むずかしいね。チンさんに 聞いて みない？ —うん。

2. 　　　(よ)う 〈いこう形〉

1グループ	かきます ⇒ かこう
	はなします ⇒ はなそう
2グループ	たべます ⇒ たべよう
	みます ⇒ みよう
3グループ	します ⇒ しよう
	きます ⇒ こよう

   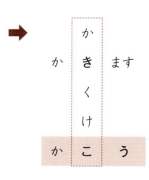

   日よう日、いっしょに よこはまへ 行かない？ —うん、いいね。行こう。
   いっしょに しゃしんを とらない？ —うん、とろう。

3. 　　　(よ)うと 思って います

   しゅうまつ としょかんで べんきょうしようと 思って います。
   なつ休み 国へ 帰ろうと 思って います。

アクティビティー

ききましょう

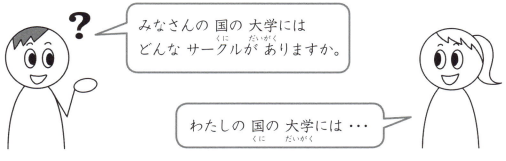

さそいましょう

よみましょう

ポスターを 見ました。

 ボランティアを しませんか？

　8月に さくら市に いろいろな 国の 中学生が 来ます。日本の 中学生と いっしょに キャンプを したり、じぶんの 国を しょうかいしたり します。この 中学生に さくら市を あんないしたり、つうやくを したり しませんか。
　ボランティアを したい 人は さくら市の ホームページを 見て、3月10日までに メールで もうしこんで ください。メールを うけとったら、うけつけ番号を おくります。

さくら市 こくさいか　URL：www.xxxx　TEL：06-xxxx

【しつもん1】ボランティアは 何を しますか。
　　　　　　□ キャンプを します。　　□ じぶんの 国を しょうかいします。
　　　　　　□ さくら市を あんないします。　　□ つうやくを します。

【しつもん2】ボランティアを したい 人は 何を しますか。
　　　　　　□ ホームページを 見ます。　　□ 電話します。
　　　　　　□ メールを します。　　□ うけつけ番号を おくります。

かきましょう

あなたは どんな ボランティアを したいですか。それは どうしてですか。

　わたしは ＿＿＿＿＿＿＿＿＿＿たいです。＿＿＿＿＿＿＿＿＿＿＿＿＿

コラム5　しゅみ

スポーツをする

料理を作る／する
りょうり　つく

旅行をする
りょこう

音楽を聞く
おんがく　き
ピアノをひく

映画を見る
えいが　み

写真をとる
しゃしん

買いものをする
か

アニメを見る
み
まんがを読む
よ

ゲームをする

289

Lesson 14
アドバイスする
Giving Advice

1 びょういんへ 行った ほうが いいですよ

2 ネットで さがせば、いろいろ あるよ

3 行って みたら どうですか

Lesson 14　1 びょういんへ 行った ほうが いいですよ

かぜを ひきました
Having a cold

サラ：
リさん、かおいろが わるいですよ。
だいじょうぶですか？

リ：
おなかが いたいんです。

え、おなかが いたいなら、つめたい ものを 飲まない ほうが いいですよ。

はい。

ひどく なる まえに、びょういんへ 行った ほうが いいと 思いますよ。

はい。わかりました。

1

①

②

③

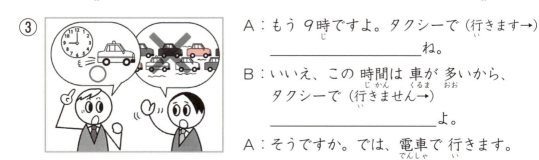

A：もう 9時ですよ。タクシーで（行きます→）
　　＿＿＿＿＿＿＿＿＿＿ね。
B：いいえ、この 時間は 車が 多いから、
　　タクシーで（行きません→）
　　＿＿＿＿＿＿＿＿＿＿よ。
A：そうですか。では、電車で 行きます。

④

A：あれ、もう 花が おちて います。
B：この 花は 水を あまり
　（やりません→）＿＿＿＿＿＿＿＿＿＿＿よ。
C：すずしい ところに（おきます→）
　＿＿＿＿＿＿＿＿＿＿＿よ。
A：わかりました。そう して みます。

⑤

A：ああ、ねむい。コーヒー ある？
B：もう 12時だよ。コーヒーは（飲みません→）
　＿＿＿＿＿＿＿＿＿＿＿よ。
　（ねます→）＿＿＿＿＿＿＿＿＿＿＿よ。
A：でも、これ あしたまでなんだ。
B：あしたの 朝 早く おきて（やります→）
　＿＿＿＿＿＿＿＿＿＿＿よ。
A：そうかなあ。

2 大きく なりましたね！

① 255

はい。

1)
せが 高いです

2)
みじかいです

3)
おもいです

②

1)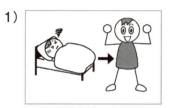
げんきです

2)
きれいです

3)
大学生です

③

A：おはようございます。天気が（いいです→）
　　_____ね。
B：そうですね。よかったですね。

④

A：こんにちは。（11月です→）_____ね。
B：これから だんだん（さむいです→）
　　_____ますね。
A：ええ。しごとも（いそがしいです→）
　　_____ますね。

⑤

A：新しい コンビニが できたね。
B：うん。（べんりです→）
　　_____よ。
A：いろんな ものを うって いるからね。

はなしましょう

できますか？

じゆうに はなしましょう

①

②

- ✔ 体調が悪そうな人に声をかけることができる。
  You can ask an unwell person how they are doing.
- ✔ 簡単なアドバイスができる。
  You can give simple advice.

ことば・ひょうげん

かおいろ complexion ／つめたい cold (things)

- -

かぜを ひきます catch a cold ／(お)ふろに 入ります take a bath ／マスク mask
花に 水を やります water the flowers ／ねむい sleepy ／だんだん gradually
(コンビニが)できます a new convenience store is going to open ／いろんな various

ぶんけい

1. 　　　　　　　　**ない ほうが いいです**

おさけを 飲まない ほうが いいです。
きょうは さむいですから、出かけない ほうが いいです。

　　　　　　　　　た ほうが いいです

早く ねた ほうが いいです。
くすりを 飲んだ ほうが いいです。

2. 　　　　　　　　　**く なります**

天気が よく なりました。
これから いそがしく なります。

　　　　　　　　　　に なります

キムさんは げんきに なりました。
4月から 大学生に なります。

14
ー
1

296

Lesson 14　2 ネットで さがせば、いろいろ あるよ

アルバイトを さがして います
Looking for a part-time job

ラマ：
バイトしたいなあ。
いい バイト、
ないかなあ。

キム：
ネットで さがせば、
いろいろ あるよ。

ほら、これは？

何の バイト？

電話を かける
アルバイト。

それは できない。
電話の 日本語は
むずかしいよ。

じゃあ、コンビニは？

コンビニかあ。

だいじょうぶ。
できるよ。

う〜ん、できるかなあ。

あるきます	あるけば	あるきません	あるかなければ
のります		のりません	
みます		みません	
うんどうします		うんどうしません	
(学校へ) きます		(学校へ) きません	

1)

2)

3)

②

A：この もんだい、むずかしいですね。
B：この 本を (読みます→)
　　＿＿＿＿＿＿＿＿、わかりますよ。
A：え、そうですか。見せて ください。

③

A：10時の しんかんせんに まにあうでしょうか。
B：(タクシーに のります→)
＿＿＿＿＿＿＿＿＿＿＿＿、まにあいますよ。

④

A：かんじの れんしゅう、たいへんだね。
B：これ (つかいます→)＿＿＿＿＿＿＿、かんたんで たのしいよ。
A：あ、ほんとうだ。わたしも つかって みる！

2

①

A：Bさんは 車の うんてんが ＿＿＿＿＿＿＿か。
B：はい、毎日 して いますよ。Aさんは？
A：わたしは ＿＿＿＿＿＿＿んです。

②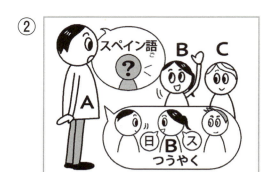

A：だれか スペイン語が
　　_____ 人は いませんか。
B：あ、はい、_____。
A：よかった。ちょっと つうやくを して
　　もらいたいんです。
B：はい、いいですよ。

③

A：Bさん、スキー_____？
B：ううん、_____。
A：スケートは？
B：スケートも_____。
　　Aさんは？
A：わたしも りょうほう_____。

はなしましょう

できますか？ 　　じゆうに はなしましょう

①

②

☑ 問題解決のための情報を伝えることができる。 ★★★
You can give advice to someone who is looking for a solutions of problems.

☑ 自分ができること、できないことを言うことができる。 ★★★
You can talk about what you can and can't do.

ことば・ひょうげん

ネット internet ／さがします search for ／バイト part-time job ／ほら hey, look

- -

やせます lose weight ／うんどうします exercise ／もんだい question, problem
アプリ app, application ／うんてん driving ／つうやく interpretation ／スケート skating
りょうほう both ／せつめいかい information session ／オープンキャンパス open campus

ぶんけい

1. 　　　　　　　ば、　　　　　　　　　〈じょうけん形〉

1グループ	かきます ⇒ かけば
	かいます ⇒ かえば
2グループ	たべます ⇒ たべれば
	みます ⇒ みれば
	(シャツを) きます ⇒ きれば
3グループ	します ⇒ すれば
	きます ⇒ くれば

```
      か
か  き  ます
    く
か  け  ば
    こ
```

毎日 うんどうすれば、やせます。
あまい ものを たべなければ、やせます。
タクシーに のれば、まにあいます。

2. 　　　　　　　　が できます

わたしは スペイン語が できます。
キムさんは スキーが できます。わたしは できません。

14
－
2

302

Lesson14 ③ 行って みたら どうですか

テレビを 見て 話して います
Talking while watching TV

アティ：
わあ、きれいですね。
どこの おてらですか。

サラ：
きょうとの きんかくじ
ですよ。きょねん
行きました。

アティさんは きょうとへ
行った ことが
ありますか。

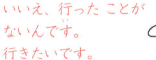

いいえ、行った ことが
ないんです。
行きたいです。

きょうとへ 行くなら、
あきが いいと
思いますよ。

そうですか。

もみじが きれいで、
天気も いいですから。

ふうん。

来月 れんきゅうが
ありますから、行って
みたら どうですか。

そうですね。

①

A：新しい めがねを 買いたいんですが、どこが いいですか。

B：＿＿＿＿＿＿なら、「メガネ３０」が いいですよ。３０分で できますから。

②

A：おいしい イタリア料理の 店を しりませんか。

B：イタリア料理＿＿＿＿＿、アントニオさんに 聞いたら どうですか。よく しって いると 思います。

③

A：バーベキューしたいんだけど、いい ところ、ある？

B：＿＿＿＿＿＿＿＿、みどりこうえんが べんりだよ。ちかくの 店で ざいりょうを うって いるから。

④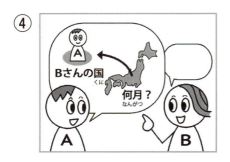

A：Bさんの 国へ 行って みたいんですが、何月が いいですか。

B：わたしの 国へ ＿＿＿＿なら、
＿＿＿＿＿＿＿＿＿＿＿よ。
＿＿＿＿＿＿＿＿＿＿＿から。

2

ほっかいどうへ行きたいんですが、ホテルが見つからないんです。

そうですか。りょこうがいしゃにたのんだら、どうですか。

268

①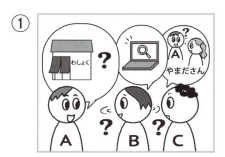

A：どこか おいしい わしょくの 店を しりませんか。
B：わしょくは あまり 食べないんです。
　（インターネットで しらべます→）
　_____、どうですか。
C：（やまださんに 聞きます→）_____。
　いろいろな 店を しって いますよ。

②

A：さいきん こしが いたいんです。
B：しんぱいですね。（びょういんへ 行って みます→）
　_____。
C：（やっきょくで そうだんします→）
　_____。

③

A：スノーボード、むずかしいかな。
B：そんなに むずかしくないよ。1回
　（やって みます→）_____たら、どう？
A：そうだね。やって みよう。

④

A：この 大学、いい 大学かな。
B：さあ…、よく わからないな。
　先生に（聞いて みます→）
　_____？
A：そうだね。

3

① スキーを した ことが ありますか。 — はい、あります。／いいえ、ありません。

1) おきなわへ 行きました
2) しんかんせんに のりました
3) パンダを 見ました

② なっとう、食べた こと ある？ — うん、ある。／ううん、ない。

1) おんせんに 入りました
2) すもうを 見ました
3) 日本語で スピーチを しました

③
A：この かしゅの うた、＿＿＿＿＿＿＿＿＿？
B：ううん、＿＿＿＿＿。
A：とっても いいよ。聞いて みて。

④
A：Bさんは ＿＿＿＿＿＿ ことが ありますか。
B：＿＿＿＿＿＿＿＿＿。

はなしましょう

できますか? 　　じゆうに はなしましょう

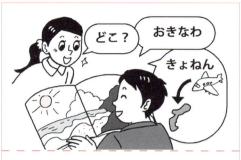

☑ 旅行先などについて、行ったことがあるかどうか聞くことができる。
　りょこうさき　　　　　　　　　い　　　　　　　　　　　　　　　　き
　You can ask if someone has or hasn't been somewhere.

☑ 旅行先などについて簡単に説明したり、アドバイスしたり、提案したりできる。
　りょこうさき　　　　　　かんたん　せつめい　　　　　　　　　　　　　　　ていあん
　You can explain, give advice and make suggestions regarding a travel destination.

ことば・ひょうげん

あき autumn, fall ／もみじ maple tree

- -

ふね boat, ship ／(めがねが)できます glasses be made ／ちかく close

ざいりょう ingredients, materials ／たのみます order ／インターネット internet

しらべます look up, research ／さいきん recently ／こし lower back

しんぱい(な) worry, worrying ／やっきょく drug store ／スノーボード snow-boarding

そんなに not really, not so much ／さあ… I'm not sure. ／なっとう natto, fermented soybeans

すもう sumo (wrestling) ／スピーチ speech

ぶんけい

1. 〔　　　　　　〕なら、〔　　　　　　〕が いいです

ほっかいどうへ 行くなら、ひこうきが いいです。

めがねを 買うなら、この 店が いいです。

2. 〔　　　　　　〕たら、どうですか

インターネットで しらべたら、どうですか。

先生に 聞いて みたら、どう？

3. 〔　　　　　　〕た ことが あります

スキーを した ことが あります。

おきなわへ 行った ことが ありますか。┌ はい、あります。
└ いいえ、ありません。

なっとう、食べた こと ある？┌ うん、ある。
└ ううん、ない。

アクティビティー

はなしましょう

〈どんな アドバイスを しますか？〉

アドバイスを しましょう

〈こまって いる ことが ありますか。〉

よみましょう

新聞の きじです。

> さくら市に 新しい びょういんが できました。この びょういんは あかるい ロビーが あります。まどが 大きくて、外の 木や 花が よく 見えます。あおい そらも 見えます。へやは ひろくて、とても きもちが いいです。にわで ごは んを 食べたり、本を 読んだり、えを かいたり できます。レストランや ケー キの 店も あります。びょうきじゃ ない 人も 来て います。
>
> この びょういんを つくった 木田さんは「びょうきの 人が げんきに なる と ころが びょういんです。きもちが よくなければ、げんきに なりません。わたし は、びょうきの 人の きもちが よく なる びょういんを つくりたいと 思って い ます。」と 言って います。

【しつもん】この びょういんは どんな びょういんですか。〇ですか。×ですか。

1. (　　　) びょうきの 人も びょうきじゃ ない 人も 行きます。
2. (　　　) ちかくに レストランが あります。
3. (　　　) びょういんは いいですが、びょうきの 人は きもちが よく なりません。

14

かきましょう

みなさんの 国の びょういんは どんな びょういんですか。

310

コラム6　助詞 ②

〈に〉

7時に おきます

土よう日に テニスを します

かいぎしつに います

つくえの 上に あります

友だちに 会います

電車に のります

〈が〉

A：だれが いますか。
B：キムさんが います。

A：何が いいですか。
B：こうちゃが いいです。

〈から・まで〉

9時から 12時まで
べんきょうします。

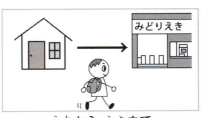
うちから えきまで
あるきます。

311

Lesson 15

あやまる

Apologizing

1 こわして しまって、すみません

2 ごめんなさい

Lesson 15　1 こわして しまって、すみません

先生に あやまります
Apologizing to a teacher

ラマ:
あ、どうしよう。

あおき先生。

あ、おいそがしければ、
また あとで 来ます。

あおき:
はい。

いいえ、
だいじょうぶですよ。
どうしましたか。

タン:
先生、すみません。
きょうしつの とけいを
こわして しまいました。

え、とけいを?

どうしたんですか。

ラマ:
わたしが サッカー
ボールを けって、
とけいに あてて
しまったんです。

え、きょうしつで
ボールを けった?

はい。すみません。

タン:
とけいを こわして
しまって、もうしわけ
ありません。

313

1

①

すみません。
しゅくだいを わすれて しまいました。

1)
しょるいを よごします

2)
かびんを わります

3)
きっぷを なくします

②

A：どうしたんですか。
B：友だちに かりた カメラを
　（おとします →）＿＿＿＿＿＿＿んです。
A：え！ たいへんですね。

③

A：どうしたんですか。
B：ぶつかって、かびんを（たおします →）
　＿＿＿＿＿＿＿＿＿＿＿＿＿んです。
A：そうですか。てつだいますよ。

④

A：Bさん、これ、Bさんの ペンですね。
　（まちがえます →）＿＿＿＿＿て しまって、
　すみません。
B：ああ、なくしたと 思って いました。

⑤ アルバイト：店長、きょうは
(おさらを わります →)
＿＿＿＿＿＿＿＿て、
もうしわけ ありませんでした。
店長：これから 気を つけて くださいね。
アルバイト：はい。気を つけます。

2

①

買いますか。

やすければ、買います。

やすい	やすければ	ない	なければ
おもしろい		よくない	
いい		たべない	
いきたい		いきたくない	
べんり	なら	べんりじゃない	
やすみ	なら	やすみじゃない	

1)
おいしいです

2)
あたたかいです

3)
いいです

4)
べんりです

②

A：日よう日、何を します か。
B：天気が（いい→）＿＿＿＿＿＿＿＿、
　　山のぼりを します。
　　（よくない→）＿＿＿＿＿＿＿＿、
　　＿＿＿＿＿＿＿＿＿＿＿＿。

③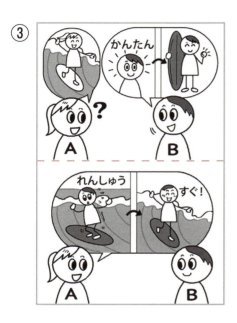

A：サーフィン、しませんか。
B：ええ、（かんたんです→）＿＿＿＿＿＿＿＿、
　　して みたいです。
A：そうですね。
　　（れんしゅうします→）＿＿＿＿＿＿＿＿、
　　すぐ じょうずに なりますよ。
　　やりましょう。

④

A：お花見、いつが いいですか。
B：しゅうまつは 人が 多いですね。
C：（へいじつ→）＿＿＿＿＿＿＿＿、
　　すいて いますよ。

はなしましょう

できますか？

じゆうに はなしましょう

☑ よくないことをしたときに、ていねいに謝ることができる。 ★★★
　You can apologize politely for something you did.
☑ 簡単に事情を説明することができる。 ★★★
　You can give a simple explanation of what happened.

ことば・ひょうげん

こわします break ／けります kick ／あてます hit
もうしわけ ありません I'm very sorry.

- -

しょるい documents ／よごします make ... dirty ／かびん vase ／わります break
おとします drop ／ぶつかります hit ／たおします knock over ／気を つけます take care
山のぼり mountain climbing ／サーフィン surfing ／へいじつ weekday
すいて います not crowded

ぶんけい

1. ［　　　　　　　　て　しまいました

学校の とけいを こわして しまいました。
電車の きっぷを なくして しまいました。

［　　　　　　　　て　しまって、すみませんでした

ペンを まちがえて しまって、すみませんでした。
かびんを わって しまって、もうしわけ ありません。

2. ［　　　　ければ、［　　　　　　　

やすければ、買います。
しゅうまつ 天気が よければ、山のぼりを します。

［　　　　なら、［　　　　　　　

かんたんなら、サーフィンを して みたいです。
へいじつなら、人が 少ないです。

15
－
1

Lesson 15　2 ごめんなさい

友だちに あやまります
Apologizing to a friend

キム：
ラマさん、ごめんなさい。

ラマ：
え、何？

あのね、
ラマさんに かりた 本、
よごしちゃった。

え？

アイスクリームを
食べながら
読んでいて…。

うん。

その アイスクリームを
おとしちゃった。

え〜！

ほんとうに
ごめんなさい。

う〜ん。
しかたが ないね。

1

① 279

こわして しまいました	こわしちゃった
わすれて しまいました	
のんで しまいました	
まちがえて しまいました	

1)
よごしました

2)
なくしました

3)
わりました

②

A：あ、ごめん！この 水、Bさんのだ。
　　わたしの 水と
　　＿＿＿＿＿＿＿＿＿＿＿＿＿＿＿＿。
B：ああ、いいよ。だいじょうぶ。

③

A：あたま、いたいの？
B：うん。きのう、おさけを たくさん
　　＿＿＿＿＿＿＿＿＿＿から。
A：そう。おだいじに。

①

わたしは テレビを 見ながら しょくじを します。

そうですか。

1) 2)

②

A：わたしは 毎朝 ＿＿＿＿＿＿＿＿
　　ジョギングします。
　　きもちが いいですよ。
B：いいですね。

③

A：あっ、電話だ。
B：あ、ちょっと、Aさん！
　　＿＿＿＿＿＿＿＿＿＿
　　うんてんしては いけませんよ。

④

A：あの 人、＿＿＿＿＿＿＿＿＿
　　あるいて いますよ。
B：あ、あの 人も。あぶないですね。

⑤

A：わたしは いつも ＿＿＿＿＿＿
　　ながら べんきょうします。Bさんは？
B：わたしは
　　＿＿＿＿＿＿＿＿＿＿＿＿＿＿＿。

はなしましょう

できますか?

じゆうに はなしましょう

☑ 友だちに謝ることができる。★★★
You can apologize to a friend.

☑ 友だちに簡単に事情を説明することができる。★★★
You can explain what happened to a friend.

ことば・ひょうげん

あのね Well... ／え～ Oh gosh! ／しかたが ありません There's nothing you can do.

- -

あぶない dangerous

ぶんけい

1. ＿＿＿＿＿＿＿＿ちゃった

Bさんに かりた きょうかしょ、よごしちゃった。ごめんね。 —え！
だいじょうぶ？ あたまが いたいの？
　　—うん。きのう たくさん おさけを 飲んじゃったから…。

2. ＿＿＿＿＿＿ながら ＿＿＿＿＿＿

わたしは テレビを 見ながら しょくじを します。
電話しながら うんてんしては いけません。

アクティビティー

かんがえましょう

しっぱいを して しまいました。あなたなら どう しますか。

はなしましょう

Aさんは この あと どう しますか。

(1)

(2)

(3)

(4)

よみましょう

ジョンさんが メールを 書きました。

きむらさん

　もうしわけありません。わたしは きむらさんの たいせつな 本を なくして しまいました。

　先週、きむらさんに かして いただいた 本を かえそうと 思って ふくろに 入れました。でも、それを 電車の 中に わすれて しまいました。会社に つくまで ①気が つきませんでした。すぐに えきに れんらくを しましたが、ありませんでした。もう 1週間に なりますが、本は 出て きません。きょう 新しい 本を 買いました。あした もって いきます。

　わたしは よく ちゅういを しませんでした。ほんとうに ②わるかったと 思います。もうしわけありませんでした。では、あした 会社で。

きょう

ジョン

【しつもん1】 ジョンさんは どうして この メールを 書きましたか。

【しつもん2】 ① 気が つかなかった ことは 何ですか。

【しつもん3】 ② わるかったと 思う ことは 何ですか。

かきましょう

おわびの メールを 書いて ください。

おわびする こと：_____

_____さん

_____

15

ことば・ひょうげん さくいん　Vocabulary Index

あ

あ		L1-1
あ〜		L12-4
ああ		L1-3
アイスクリーム		L2-1
アイディー	ID	L12-1
あいます [あう]	会います [会う]	L7-1
あお	青	L2-3
あおい	青い	L2-3
あか〜	赤	L2-3
あかい	赤い	L2-3
あかるい	明るい	L10-2
あき	秋	L14-3
あきます [あく]	空きます [空く]	L13-1
あけます [あける]	開けます [開ける]	L7-1
あさ	朝	L1-2
あさごはん	朝ごはん	L4-1
あさって		L7-3
あした	明日	L4-1
あそびます [あそぶ]	遊びます [遊ぶ]	L8-1
あたたかい	暖かい	L8-2
あたらしい	新しい	L6-1
あちら		L2-2
あっ		L12-3
あつい	暑い	L1-2
あつい	熱い	L7-3
あつめます [あつめる]	集めます [集める]	L9-3
あてます [あてる]	当てます [当てる]	L15-1
あと〜	あと (二日)	L9-1
あに	兄	L10-2
アニメ		L4-3
あね	姉	L6-1
あの ひと	あの 人	L1-1
あのう		L1-3
あのね		L15-2
あびます [あびる]	浴びます [浴びる]	L4-1
あぶない	危ない	L15-2
アプリ		L14-2
アボカド		L5-2
あまい	甘い	L5-3
あまい もの	甘い 物	L1-3

あまり		L6-1
あめ	雨	L1-2
あらいます [あらう]	洗います [洗う]	L4-3
ありがとうございます		L1-2
あります		L2-2
あるいて	歩いて	L3-1
あるきます [あるく]	歩きます [歩く]	L8-1
アルバイト		L4-1
あれ		L7-3
あれ?		L4-1

い

〜い：1い	〜位：1位	L8-2
いい		L6-1
いい てんきですね	いい 天気ですね	L1-2
いいえ		L1-1
いいえ		L3-2
いいですね		L2-3
いいですよ		L10-1
いいます [いう]	言います [言う]	L4-2
いえ	家	L3-3
いきます [いく]	行きます [行く]	L3-1
イクラ		L7-3
イケメン		L10-2
いす		L2-1
いそがしい	忙しい	L6-1
いそぎます [いそぐ]	急ぎます [急ぐ]	L7-1
いたい	痛い	L6-1
いただきます		L5-3
いちご		L5-3
いっしょに	一緒に	L4-3
いってきます		L1-2
いってらっしゃい		L1-2
いつも		L4-1
イベント		L12-2
いま	今	L3-2
います		L3-3
いみ	意味	L12-1
いもうと	妹	L10-2
いや (な)	嫌 (な)	L13-3
イラスト		L10-2

326

いらっしゃいませ ……………………… L2-1
いれます［いれる］… （かばんに）入れます［入れる］
　　……………………………………… L9-2
いれます［いれる］… （コーヒーを）いれます … L13-1
いろ …………………… 色 …………… L2-3
いろいろ ……………………………… L5-2
いろいろ（な） ………………………… L11-3
いろんな ……………………………… L14-1
（お）いわい ………… （お）祝い ……… L11-1
いんかん …………… 印鑑 ………… L12-4
インターネット ……………………… L14-3

■■■■■■■■■■■■■ う ■■■■■■■■■■■■■

う〜ん ………………………………… L11-1
ウイスキー …………………………… L1-3
ううん ………………………………… L7-2
うえ …………………… 上 …………… L4-3
ウェブ ………………… Ｗｅｂ ……… L12-1
うけます［うける］… 受けます［受ける］… L12-4
うしろ ………………… 後ろ ………… L2-2
うた …………………… 歌 …………… L10-3
うたいます［うたう］… 歌います［歌う］……… L8-1
うち …………………………………… L3-1
うまれます［うまれる］… 生まれます［生まれる］… L11-1
うみ …………………… 海 …………… L2-3
うりば ………………… 売り場 ……… L2-2
うります［うる］……… 売ります［売る］……… L12-3
うるさい ……………………………… L10-3
うわあ ………………………………… L7-3
うん …………………………………… L7-1
うんてん ……………… 運転 ………… L14-2
うんてんします［うんてんする］
　　………………… 運転します［運転する］… L9-2
うんてんしゅ ………… 運転手 ……… L3-2
うんどうします［うんどうする］
　　………………… 運動します［運動する］… L14-2

■■■■■■■■■■■■■ え ■■■■■■■■■■■■■

え ……………………………………… L2-1
え？ …………………………………… L1-2
え …………………… 絵 …………… L4-2
え〜 …………………………………… L15-2
エアコン ……………………………… L8-1
えいが ………………… 映画 ………… L3-1
えいご ………………… 英語 ………… L1-2

ええ …………………………………… L3-2
ええ？ ………………………………… L13-1
えき …………………… 駅 …………… L3-1
えきいん ……………… 駅員 ………… L3-3
えきまえ ……………… 駅前 ………… L8-2
えっと ………………………………… L3-2
えん …………………… 円 …………… L2-1
えんぴつ ……………… 鉛筆 ………… L9-2

■■■■■■■■■■■■■ お ■■■■■■■■■■■■■

おいしい ……………………………… L2-3
おおい ………………… 多い ………… L6-1
おおきい ……………… 大きい ……… L2-3
オープンキャンパス ………………… L14-2
おおや ………………… 大家 ………… L9-1
おかえりなさい ……………………… L6-3
おかね ………………… お金 ………… L5-3
おきます［おきる］… 起きます［起きる］……… L4-1
おきます［おく］……… 置きます［置く］……… L9-1
おくります［おくる］… （車で）送ります［送る］… L11-3
おしあわせに ……… お幸せに …………… L11-1
おしえます［おしえる］… 教えます［教える］… L10-2
おします［おす］……… （はんこを）押します［押す］… L12-1
おしらせ …………… お知らせ ………… L12-2
おそい ……………… （スピードが）遅い ……… L6-1
おそい ……………… （時間が）遅い ……… L9-3
おだいじに ………… お大事に …………… L12-4
おちます［おちる］… 落ちます［落ちる］……… L12-4
おちゃ ……………… お茶 …………… L5-2
おつかれさまでした … お疲れ様でした ……… L1-2
おでかけ …………… お出かけ ………… L5-1
おとうと …………… 弟 ……………… L10-2
おとこのこ ………… 男の子 …………… L10-2
おとします［おとす］… 落とします［落とす］… L15-1
おととい ……………………………… L6-3
おとな ……………… 大人 …………… L12-3
おなか ……………… お腹 …………… L12-4
おなかが すきました … お腹が すきました …… L5-1
おなじ ……………… 同じ …………… L9-1
おにぎり ……………………………… L2-1
おねえさん ………… お姉さん ………… L10-2
おねがい …………… お願い ………… L12-2
おねがいします …… お願いします ………… L1-2
おばあさん …………………………… L11-2
おはようございます ………………… L1-2

327

おぼえます［おぼえる］ … 覚えます［覚える］ ……		L9-1
おめでとうございます		L11-1
おもい	重い	L2-3
おもしろい	面白い	L2-3
おもちゃ		L11-1
おやすみなさい		L1-2
およぎます［およぐ］ … 泳ぎます［泳ぐ］ ……		L4-1
おります［おりる］ …… 降ります［降りる］ ……		L7-1
オレンジ		L2-1
おわります［おわる］ … 終わります［終わる］ …		L6-1
おんがく	音楽	L4-1
おんせん	温泉	L4-2
おんなの ひと	女の 人	L3-2
おんなのこ	女の子	L10-2

■■■■■■■■■■■■■ **か** ■■■■■■■■■■■■■

カード		L4-1
〜かい：4かい	〜階：4階	L2-2
かいぎ	会議	L13-1
かいぎしつ	会議室	L13-1
がいこくじん	外国人	L12-3
かいしゃ	会社	L3-1
かいしゃいん	会社員	L1-1
かいだん	階段	L2-2
かいます［かう］	買います［買う］	L4-1
かいもの	買い物	L7-1
かいものします［かいものする］		
	買い物します［買い物する］	L4-1
かえします［かえす］ … 返します［返す］		L12-3
かえります［かえる］ … 帰ります［帰る］		L4-1
かお	顔	L6-2
かおいろ	顔色	L14-1
かかります［かかる］		L3-3
かぎ	鍵	L9-1
かきます［かく］	書きます［書く］	L4-1
かきます［かく］	（絵を）かきます	L4-2
がくせい	学生	L1-1
かけます［かける］ … （電話）かけます		L12-1
かけます［かける］ … （めがねを）かけます		L10-1
かご		L4-3
かさ	傘	L2-2
（お）かし	（お）菓子	L6-2
かしこまりました		L5-2
かします［かす］	貸します［貸す］	L8-1
かしゅ	歌手	L12-3

ガス		L12-2
かぜ	風邪	L11-2
かぞく	家族	L10-2
かた	（日本の)方	L1-1
かたい	固い	L7-3
かたづけます［かたづける］		
	片付けます［片付ける］ …	L9-3
かちょう	課長	L9-1
〜がつ：1がつ	〜月：1月	L1-3
がっこう	学校	L1-1
カップ		L12-1
かのじょ	彼女	L10-2
かばん		L2-1
かびん	花びん	L15-1
カフェ		L3-2
かぶります［かぶる］		L10-1
かみ	髪	L10-3
かみ	紙	L12-1
カメラ		L4-3
からい	辛い	L5-3
カラオケ		L7-1
かります［かりる］ … 借ります［借りる］		L6-1
かるい	軽い	L2-3
かれ	彼	L10-2
カレー		L4-3
カレーライス		L5-2
カレンダー		L4-3
かわ	川	L4-1
かわ	皮	L4-3
〜がわ：みどりがわ … 〜川：みどり川		L4-1
かわいい		L8-2
かわります［かわる］ … （アルバイトを）代わります［代わる］		
		L12-2
かわります［かわる］ … （席を）替わります［替わる］		
		L11-3
〜かん：2じかん … 〜間：2時間		L3-3
かんごし	看護師	L9-2
かんじ	漢字	L6-2
かんたん（な）	簡単（な）	L6-2
がんばって ください		L4-1
がんばりましょう		L4-3

■■■■■■■■■■■■■ **き** ■■■■■■■■■■■■■

き	木	L7-3
きいろ	黄色	L2-3

きいろい	黄色い	L2-3
きえます [きえる]	消えます [消える]	L12-4
ききます [きく]	(音楽を) 聞きます [聞く]	L4-1
ききます [きく]	(先生に) 聞きます [聞く]	L5-1
きこくします [きこくする]	帰国します [帰国する]	L12-1
きたない	汚い	L10-3
きつえんせき	喫煙席	L5-1
きっさてん	喫茶店	L10-2
きっぷ	切符	L4-3
きのう	昨日	L4-2
きます [くる]	来ます [来る]	L1-3
きます [きる]	着ます [着る]	L4-1
きまります [きまる]	決まります [決まる]	L11-1
きもちが いいです	気持ちが いいです	L4-1
きもの	着物	L10-1
キャンプ		L7-1
きゅうかとどけ	休暇届	L12-1
ぎゅうにゅう	牛乳	L2-2
きょう	今日	L3-1
きょうかしょ	教科書	L9-2
きょうし	教師	L1-1
きょうしつ	教室	L6-1
ギョーザ		L4-3
きょねん	去年	L1-3
きらい (な)	嫌い (な)	L6-2
きります [きる]	切ります [切る]	L4-3
きれい (な)	(手が) きれい	L6-2
きれい (な)	(花が) きれい	L6-2
きを つけます [きを つける]	気を つけます [気を つける]	L15-1
きんえんせき	禁煙席	L5-1
ぎんこう	銀行	L3-2

■■■■■■■■■■ く ■■■■■■■■■■

クイズ		L12-3
くうき	空気	L10-3
くうこう	空港	L5-1
くすり	薬	L9-1
くだもの	果物	L2-2
くつ		L2-2
クッキー		L1-3
くつした	くつ下	L2-2
(お) くに	(お) 国	L1-1
くらい	暗い	L12-4

ぐらい		L3-1
クラス		L11-2
グラス		L7-3
くるま	車	L2-1
グレー		L10-1
くろ	黒	L2-3
くろい	黒い	L2-3
くわしく	詳しく	L12-4

■■■■■■■■■■ け ■■■■■■■■■■

けいえいします [けいえいする]	経営します [経営する]	L10-2
ケーキ		L1-3
ゲーム		L2-3
けさ	今朝	L6-1
けしゴム	消しゴム	L12-3
けします [けす]	消します [消す]	L4-3
けっこうです	結構です	L12-4
けっこんします [けっこんする]	結婚します [結婚する]	L6-1
けっせきとどけ	欠席届	L12-1
げつまつ	月末	L9-1
けります [ける]		L15-1
げんき (な)	元気 (な)	L6-2

■■■■■■■■■■ こ ■■■■■■■■■■

～ご：にほんご	～語：日本語	L1-1
こいびと	恋人	L10-2
こうえん	公園	L3-2
こうこう	高校	L10-2
こうじ	工事	L12-2
こうちゃ	紅茶	L2-1
こうりゅうかい	交流会	L8-1
こうりゅうパーティー	交流パーティー	L7-2
こえ	声	L9-1
コート		L10-1
コーヒー		L1-3
コーヒーマシン		L12-1
コーラ		L2-1
ごけっこんは？	ご結婚は？	L10-2
ここ		L3-1
ごご	午後	L4-1
こし	腰	L14-3
ごぜん	午前	L4-1
ごちそうさまでした		L4-3

こちら	こちらはサラさんです	‥L1-1
こちら	こちらへどうぞ	‥‥L5-1
こちら	「今日のケーキ」はこちらです	
		‥‥L5-2
コップ		‥L2-1
こと	事	‥L12-2
ことば	言葉	‥L12-1
こども	子ども	‥L8-2
この ちかく	この 近く	‥L3-2
コピーき	コピー機	‥L3-3
コピーします[コピーする]		‥L9-2
ごみ		‥L9-1
ごみぶくろ	ごみ袋	‥L4-3
ごめんなさい		‥L1-2
ゴルフ		‥L7-1
これ		‥L1-3
これから		‥L3-3
コロッケ		‥L2-1
こわします[こわす]‥壊します[壊す]		‥L15-1
こわれます[こわれる]‥壊れます[壊れる]		‥L12-1
コンサート		‥L6-3
こんしゅう	今週	‥L7-3
こんどの	今度の	‥L4-3
こんにちは		‥L1-1
こんばん	今晩	‥L7-2
こんばんは		‥L1-2
コンビニ		‥L3-2

■■■■■■■■■■■■ さ ■■■■■■■■■■■■

さあ	さあ、帰りましょう	‥L4-3
さあ…	さあ… よくわかりません	
		‥‥L14-3
サーフィン		‥‥L15-1
さいきん	最近	‥L14-3
さいふ	財布	‥L11-1
ざいりょう	材料	‥L14-3
サイン		‥L12-4
さがします[さがす]‥探します[探す]		‥L14-2
さかな	魚	‥L2-2
さきに	先に	‥L7-1
さきます[さく]‥咲きます[咲く]		‥L12-4
さくぶん	作文	‥L11-3
さくら	桜	‥L12-4
（お）さけ	（お）酒	‥L1-3
サッカー		‥L4-1

ざっし	雑誌	‥L10-2
さとう	砂糖	‥L5-3
さむい	寒い	‥L1-2
さようなら		‥L1-2
（お）さら	（お）皿	‥L4-3
さわります[さわる]‥触ります[触る]		‥L9-1
～さん		‥L1-1
サングラス		‥L11-2
サンドイッチ		‥L2-1
ざんねん（な）	残念（な）	‥L13-3
さんぽ	散歩	‥L13-2
さんぽします[さんぽする]		
	散歩します[散歩する]	‥L4-1

■■■■■■■■■■■■ し ■■■■■■■■■■■■

～じ：6じ	～時：6時	‥L3-1
しあい	試合	‥L7-2
シーディー	CD	‥L7-1
ジェイエルピーティー・にほんごのうりょくしけん		
	JLPT・日本語能力試験	
		‥L12-1
しおからい	塩辛い	‥L5-3
しかくい	四角い	‥L6-2
しかたが ありません‥仕方が ありません		‥L15-2
じかん	時間	‥L6-2
じかんです	時間です	‥L9-3
しけん	試験	‥L6-1
（お）しごと	（お）仕事	‥L1-1
じしょ	辞書	‥L9-1
しずか（な）	静か（な）	‥L6-2
システム		‥L10-1
した	下	‥L4-3
しって います[しっている]		
	知っています[知っている]	‥L12-1
しつれいします[しつれいする]		
	失礼します[失礼する]	L1-2
じてんしゃ	自転車	‥L2-3
しにます[しぬ]‥死にます[死ぬ]		‥L8-1
します[する]	（サッカーを）します	‥L4-1
します[する]	（ネクタイを）します	‥L10-1
ジム		‥L4-1
じむしょ	事務所	‥L12-1
しめます[しめる]‥閉めます[閉める]		‥L4-3
じゃ		‥L13-1
じゃあ		‥L2-1

しゃいん	………	社員 ………………	L9-1
じゃがいも	………………………		L7-3
ジャケット	………………………		L2-3
しゃしん	………	写真 ………………	L4-1
しゃしんたて	………	写真立て …………	L11-1
ジャズ	………………………		L7-1
シャツ	………………………		L2-1
シャワー	………………………		L4-1
じゅうしょ	………	住所 ………………	L9-2
しゅうしょく	……	就職 ………………	L11-1
ジュース	………………………		L2-1
しゅうまつ	……	週末 ………………	L4-1
じゅぎょう	……	授業 ………………	L4-1
しゅくだい	………	宿題 ………………	L8-1
しゅっちょうします [しゅっちょうする]			
	……………… 出張します [出張する] …		L6-2
しゅっぱつ	………	出発 ………………	L12-1
しょうかいします [しょうかいする]			
	……………… 紹介します [紹介する] …		L10-1
しょうしょう おまちください			
	……………… 少々 お待ちください …		L5-2
じょうず (な)	………	上手 (な) ………	L6-2
しょうちゅう	………………………		L1-3
しょうゆ	………………………		L5-3
ジョギングします [ジョギングする]	…………		L4-1
しょくじ	………	食事 ………………	L11-1
しょくじします [しょくじする]			
	……………… 食事します [食事する] …		L12-2
しょくひん	………	食品 ………………	L2-2
ショッピング	………………………		L4-1
しょるい	………	書類 ………………	L15-1
しらべます [しらべる] … 調べます [調べる] …			L14-3
しりません	………	知りません ………	L12-1
しりょう	………	資料 ………………	L13-1
しろ	………	白 ………………	L2-3
(お) しろ	………	(お) 城 …………	L6-2
しろい	………	白い ………………	L2-3
～じん：にほんじん …	～人：日本人 …		L1-1
しんかんせん	………	新幹線 ……………	L3-1
じんこう	………	人口 ………………	L10-3
しんせつ (な)	……	親切 (な) ………	L6-2
しんぱい (な)	……	心配 (な) ………	L14-3
しんぶん	………	新聞 ………………	L4-2

■■■■■■■■■■■■■ **す** ■■■■■■■■■■■■■

すいて います [すいて いる] …………………			L15-1
すいます [すう] ……… 吸います [吸う] ……			L9-2
スーツ	………………………		L10-1
スーパー	………………………		L3-2
スカート	………………………		L10-1
すき (な)	…………	好き (な) ………	L6-2
スキー	………………………		L4-2
すきです	………	好きです …………	L1-3
すぐ	………………………		L9-3
すくない	………	少ない …………	L6-1
スケート	………………………		L14-2
すごい	………………………		L11-1
すごく	………………………		L8-2
すこし	………	少し ………………	L13-1
すし	………………………		L7-2
すじこ	………………………		L7-3
すずしい	………	涼しい …………	L8-2
スタート	………………………		L12-1
スタンド	………………………		L4-3
すっぱい	………………………		L5-3
すてき (な)	…………	素敵 (な) ………	L11-1
すてます [すてる] … 捨てます [捨てる] ……			L9-1
ストロベリー	………………………		L5-2
スニーカー	………………………		L2-2
スノーボード	………………………		L14-3
スパゲッティー	………………………		L5-2
スピーチ	………………………		L14-3
スピーチコンテスト	………………………		L8-2
スポーツ	………………………		L6-2
スポーツセンター	………………………		L7-3
ズボン	………………………		L10-1
すみます [すむ] …… 住みます [住む] ………			L10-2
すみません	………………………		L1-1
すみません	………………………		L1-2
すみません	………………………		L1-2
すもう	………	相撲 ………………	L14-3
すわります [すわる] ‥ 座ります [座る] ………			L7-1

■■■■■■■■■■■■■ **せ** ■■■■■■■■■■■■■

せいねんがっぴ ……	生年月日 …………		L9-2
セーター	………………………		L2-2
セールス	………………………		L10-2
せき	………	席 ………………	L11-3
せっけん	………	石けん ……………	L12-2

せつめいかい	………	説明会	……………… L14-2
せつめいします [せつめいする]			
		説明します [説明する]	… L7-1
ぜひ	………………………………		L10-3
せんげつ	………	先月	………………… L6-3
せんしゅう	………	先週	………………… L1-3
せんす	………	扇子	………………… L11-2
せんせい	………	先生	………………… L1-1
せんたく	………	洗濯	………………… L9-1
せんたくします [せんたくする]			
		洗濯します [洗濯する]	‥ L4-2
ぜんぶで	………	全部で	………………… L2-1

■■■■■■■■■■■■■■■ そ ■■■■■■■■■■■■■■■

そうじ	………	掃除	………………… L4-2
そうじします [そうじする]			
		掃除します [掃除する]	… L12-2
そうだんします [そうだんする]			
		相談します [相談する]	… L12-2
そうです	………………………………		L1-2
そうですか	………………………………		L1-1
そうですね	………………………………		L1-2
そうですねえ…	………………………		L5-2
そつぎょうします [そつぎょうする]			
		卒業します [卒業する]	… L13-3
そと	………	外	………………… L4-3
その あと	………………………………		L4-1
そば	………………………………		L5-2
そふ	………	祖父	………………… L6-2
そぼ	………	祖母	………………… L11-1
それと	………………………………		L5-2
そんなに	………………………………		L14-3

■■■■■■■■■■■■■■■ た ■■■■■■■■■■■■■■■

だいがく	………	大学	………………… L11-1
だいがくせい	………	大学生	………………… L1-1
だいじょうぶ (な)	…	大丈夫 (な)	… L9-3
たいせつ (な)	………	大切 (な)	… L6-2
たいせつに します [たいせつに する]			
		大切に します [大切に する]	‥ L11-1
たいそうします [たいそうする]			
		体操します [体操する]	… L12-2
ダイビング	………………………………		L6-1
たいふう	………	台風	………………… L6-1
たいへん (な)	………………………		L6-2

たいへんですね	………………………		L6-1
たおします [たおす]	‥	倒します [倒す]	… L15-1
タオル	………………………………		L2-3
たかい	………	(値段が) 高い	… L2-3
たかい	………	(ビルが) 高い	… L10-3
たかい	………	(背が) 高い	… L10-3
たくさん	………………………………		L6-2
タクシー	………………………………		L3-1
たくはいびん	………	宅配便	………………… L12-4
だします [だす]	………	出します [出す]	… L8-1
ただいま	………………………………		L6-3
たちます [たつ]	………	立ちます [立つ]	… L8-1
たっきゅう	………	卓球	………………… L11-1
たてもの	………	建物	………………… L6-2
たのしい	………	楽しい	………………… L6-1
たのしみ (な)	………	楽しみ (な)	… L7-2
たのみます [たのむ]		頼みます [頼む]	… L14-3
たばこ	………………………………		L9-2
たべます [たべる]	…	食べます [食べる]	… L1-3
たべもの	………	食べ物	………………… L6-2
たまご	………	卵	………………… L2-2
だめ (な)	………………………………		L9-3
たらこ	………………………………		L5-3
だれですか	………	誰ですか	… L1-1
(お) たんじょうび	…	(お) 誕生日	… L5-3
ダンス	………………………………		L4-1
だんだん	………………………………		L14-1

■■■■■■■■■■■■■■■ ち ■■■■■■■■■■■■■■■

ちいさい	………	小さい	………………… L2-3
チーズバーガー	………………………		L2-1
ちか	………	地下	………………… L2-2
ちかい	………	近い	………………… L6-1
ちかく	………	近く	………………… L14-3
ちかてつ	………	地下鉄	………………… L3-1
チキン	………………………………		L5-2
チケット	………………………………		L11-1
ちこくします [ちこくする]			
		遅刻します [遅刻する]	… L12-4
ちず	………	地図	………………… L12-2
ちち	………	父	………………… L10-2
ちゃいろ	………	茶色	………………… L2-3
ちゃいろい	………	茶色い	………………… L2-3
ちゃんと	………………………………		L12-3
ちゅうかりょうり	…	中華料理	………………… L13-1

ちゅうしゃじょう …… 駐車場 ……………… L2-2
ちょうど いいです ………………………… L2-3
チョコレート ……………………………… L1-3
ちょっと …………………………………… L2-3
ちょっと… ………………………………… L2-3
ちらしずし ………………………………… L6-2

■■■■■■■■■■■■ つ ■■■■■■■■■■■■

ツアー ……………………………………… L9-1
つうやく ……………… 通訳 ……………… L14-2
つかいます［つかう］… 使います［使う］……… L9-2
つかれます［つかれる］… 疲れます［疲れる］… L11-3
つぎの ………………… 次の ……………… L3-2
つきます［つく］……… 着きます［着く］…… L7-3
つくえ ………………… 机 ………………… L2-1
つくります［つくる］… (料理を) 作ります［作る］ L4-1
つけます［つける］…… (電気を) つけます …… L12-3
つけます［つける］…… (バターを) つけます … L12-1
つめたい ……………… 冷たい …………… L14-1
つり …………………… 釣り ……………… L4-1
つれて いきます［つれて いく］… 連れて 行きます［連れて 行く］… L11-2

■■■■■■■■■■■■ て ■■■■■■■■■■■■

て ……………………… 手 ………………… L6-2
ティーシャツ ………… Tシャツ ………… L10-1
ディーブイディー …… ＤＶＤ …………… L6-1
データ ……………………………………… L12-4
テーブル …………………………………… L4-3
でかけます［でかける］… 出かけます［出かけます］… L4-2
できます［できる］…… (コンビニが) できます … L14-1
できます［できる］…… (めがねが) できます … L14-3
デザート …………………………………… L13-1
デザイナー ………………………………… L12-3
デザイン …………………………………… L12-3
テスト ……………………………………… L4-2
てつだいます［てつだう］… 手伝います［手伝う］… L11-2
テニス ……………………………………… L11-1
では ………………………………………… L5-1
デパート …………………………………… L3-2
でます［でる］……… (外へ) 出ます［出る］… L9-1
でます［でる］……… (テレビに) 出ます［出る］… L12-3
でます［でる］……… (電話に) 出ます［出る］… L5-3
(お) てら ……………… (お) 寺 …………… L6-2
テレビ ……………………………………… L2-1
てんいん ……………… 店員 ……………… L2-1

てんき ………………… 天気 ……………… L1-2
でんき ………………… 電気 ……………… L4-3
でんげん ……………… 電源 ……………… L12-1
でんしゃ ……………… 電車 ……………… L3-1
てんちょう …………… 店長 ……………… L12-2
てんぷら ……………… 天ぷら …………… L5-2
でんわ ………………… 電話 ……………… L9-2
でんわします［でんわする］… 電話します［電話する］… L4-2
でんわばんごう ……… 電話番号 ………… L9-2

■■■■■■■■■■■■ と ■■■■■■■■■■■■

ドア ………………………………………… L9-1
トイレ ……………………………………… L2-2
どういたしまして ………………………… L11-3
どうしてですか …………………………… L6-1
どうしよう ………………………………… L9-3
どうぞ ……………………………………… L1-2
どうぞ よろしく おねがいします ……… L1-1
どうですか ………………………………… L2-3
とうふ ………………… 豆腐 ……………… L5-2
どうぶつえん ………… 動物園 …………… L8-2
とうほくしんかんせん … 東北新幹線 ……… L12-1
どうも ……………………………………… L2-2
どうやって ………………………………… L12-1
どうりょう …………… 同僚 ……………… L10-1
とおい ………………… 遠い ……………… L6-1
ドーナッツ ………………………………… L2-1
どくしん ……………… 独身 ……………… L10-2
とけい ………………… 時計 ……………… L2-2
ところ ………………… 所 ………………… L6-2
としょかん …………… 図書館 …………… L4-1
どちら ……………………………………… L1-1
とっきゅうけん ……… 特急券 …………… L12-1
とって ください …… 取って ください ……… L5-3
とても ……………………………………… L5-3
となり ………………… 隣 ………………… L2-2
とめます［とめる］…… 止めます［止める］…… L9-2
(お) ともだち ……… (お) 友だち ………… L4-2
どようび ……………… 土曜日 …………… L3-1
とりかえます［とりかえる］
　…………………… 取り換えます［取り換える］… L12-1
とります［とる］……… (本を) 取ります［取る］… L11-3
とります［とる］……… (写真を) 撮ります［撮る］… L4-1

333

･･･････ な ･･･････

なおします [なおす] … (作文を) 直します [直す] ･･･ L11-3
なおします [なおす] … (めがねを) 直します [直す] ･･･ L11-2
なおります [なおる] … 治ります [治る] ･･･ L11-2
なか ･･･････ 中 ･･･････ L4-3
ながい ･･･････ 長い ･･･････ L2-3
なきます [なく] ･･･････ 泣きます [泣く] ･･･ L12-4
なくします [なくす] ･･･････ L9-1
なっとう ･･･････ 納豆 ･･･････ L14-3
なつやすみ ･･･････ 夏休み ･･･････ L5-3
なまえ ･･･････ 名前 ･･･････ L8-1
なまごみ ･･･････ 生ごみ ･･･････ L9-1
なんがい ･･･････ 何階 ･･･････ L2-2
なんめいさま ･･･････ 何名様 ･･･････ L5-1

･･･････ に ･･･････

〜に します ･･･････ L2-1
にあいます [にあう] … 似合います [似合う] ･･･ L11-2
におい ･･･････ 匂い ･･･････ L12-2
にがい ･･･････ 苦い ･･･････ L5-3
にぎやか (な) ･･･････ L6-2
にく ･･･････ 肉 ･･･････ L2-2
にちようび ･･･････ 日曜日 ･･･････ L3-1
にて います [にて いる] … 似て います [似て いる] ･･･ L10-2
にほん ･･･････ 日本 ･･･････ L1-1
にほんしゅ ･･･････ 日本酒 ･･･････ L1-3
にもつ ･･･････ 荷物 ･･･････ L6-1
ニュース ･･･････ L12-3
にわ ･･･････ 庭 ･･･････ L6-2
にんきが あります [にんきが ある]
　　　　　･･･････ 人気が あります [人気が ある] … L6-2
にんぎょう ･･･････ 人形 ･･･････ L11-2

･･･････ ね ･･･････

ねえ ･･･････ L7-1
ネクタイ ･･･････ L2-2
ねこ ･･･････ 猫 ･･･････ L12-3
ねだん ･･･････ 値段 ･･･････ L10-3
ネックレス ･･･････ L10-1
ネット ･･･････ L14-2
ねます [ねる] ･･･････ 寝ます [寝る] ･･･ L4-1
ねむい ･･･････ 眠い ･･･････ L14-1

･･･････ の ･･･････

ノート ･･･････ L10-1

のぼります [のぼる] ･･ 登ります [登る] ･･･････ L6-1
のみかい ･･･････ 飲み会 ･･･････ L7-2
のみます [のむ] ･･･････ 飲みます [飲む] ･･･ L1-3
のみもの ･･･････ 飲み物 ･･･････ L4-3
のりば ･･･････ 乗り場 ･･･････ L12-1
のります [のる] ･･･････ 乗ります [乗る] ･･･ L3-3

･･･････ は ･･･････

は ･･･････ 歯 ･･･････ L6-1
パーティー ･･･････ L6-3
バーベキュー ･･･････ L7-1
バーベキューたいかい ･･･ バーベキュー大会 ･･･ L7-2
はい ･･･････ L1-1
はい ･･･････ L7-2
バイク ･･･････ L3-1
バイト ･･･････ L14-2
パイナップル ･･･････ L2-1
はいります [はいる] … (中に) 入ります [入る] ･･･ L9-1
はいります [はいる] … (温泉に) 入ります [入る] ･･･ L4-2
はいります [はいる] … (学校に) 入ります [入る] ･･･ L11-1
はきます [はく] ･･･････ 履きます [履く] ･･･ L10-1
はこ ･･･････ 箱 ･･･････ L4-3
はこびます [はこぶ] ･･ 運びます [運ぶ] ･･･ L12-1
はさみ ･･･････ L4-3
(お) はし ･･･････ L5-3
はじまります [はじまる] … 始まります [始まる] ･･･ L9-3
はじめまして ･･･････ L1-1
はじめます [はじめる] … 始めます [始める] ･･･ L9-3
ばしょ ･･･････ 場所 ･･･････ L12-2
はしります [はしる] … 走ります [走る] ･･･ L9-2
バス ･･･････ L3-1
バスケットボール ･･･････ L11-1
バスてい ･･･････ バス停 ･･･････ L3-2
パソコン ･･･････ L2-3
バター ･･･････ L7-3
はたらきます [はたらく] … 働きます [働く] ･･･ L10-2
はっぴょう ･･･････ 発表 ･･･････ L4-3
はっぴょうします [はっぴょうする]
　　　　　･･･････ 発表します [発表する] … L4-3
バティック ･･･････ L11-2
はな ･･･････ 花 ･･･････ L2-1
はなし ･･･････ 話 ･･･････ L4-3
はなします [はなす] … 話します [話す] ･･･ L4-1
バナナ ･･･････ L2-2
はなび ･･･････ 花火 ･･･････ L5-1

（お）はなみ ……………	（お）花見	L7-1
はなや …………………	花屋	L3-2
はは ……………………	母	L4-2
はやい …………………	早い	L4-1
はやい …………………	速い	L6-1
はやく …………………	早く	L7-3
はらいます［はらう］…	払います［払う］	L9-1
パン ……………………		L2-2
〜はん：11 じはん ……	〜半：11時半 ………	L3-2
〜ばん：5 ばん ………	〜番：5番 …………	L3-2
ばんぐみ ………………	番組 …………………	L12-3
はんこ …………………		L12-1
ばんごはん ……………	晩ご飯 ………………	L4-1
〜ばんせん：6 ばんせん		
……………………………	〜番線：6番線 ……	L3-3
パンダ …………………		L8-2
ハンバーガー …………		L2-1
ハンバーグ ……………		L5-2

ひ

ひ ………………………	日 …………………	L4-1
ビール …………………		L1-3
ひきだし ………………	引き出し …………	L4-3
ひきます［ひく］………	（風邪を）ひきます …	L14-1
ひくい …………………	（ビルが）低い ……	L10-3
ひくい …………………	（背が）低い ………	L10-3
ひこうき ………………	飛行機 ……………	L3-3
ピザ ……………………		L5-2
ビジネスシューズ ……		L2-2
びじゅつかん …………	美術館 ……………	L6-2
ひだり …………………	左 …………………	L4-3
ひっこします［ひっこす］…	引っ越します［引っ越す］……	L6-3
ひと ……………………	人 …………………	L2-3
ひどい …………………		L12-3
ひま（な）……………	暇（な）…………	L6-2
びょういん ……………	病院 ………………	L3-2
びよういん ……………	美容院 ……………	L2-3
ひらがな ………………		L9-2
ひる ……………………	昼 …………………	L1-2
ビル ……………………		L10-3
（お）ひるごはん ……	（お）昼ご飯 ……	L13-2
ひろい …………………	広い ………………	L6-3

ふ

〜ぶ：システムぶ ……	〜部：システム部 ……	L10-1

ブーツ …………………		L10-1
プール …………………		L4-1
ふうん …………………		L8-2
フェスティバル ………		L13-3
ふきのとう ……………		L5-3
ふきます［ふく］………		L4-3
ぶつかります［ぶつかる］…		L15-1
ぶどう …………………		L2-2
ふね ……………………	船 …………………	L14-3
プラスチック …………		L9-1
ふります［ふる］………	（雨が）降ります［降る］…	L6-3
プリン …………………		L2-1
ふるい …………………	古い ………………	L6-1
ブレスレット …………		L10-1
プレゼント ……………		L6-2
（お）ふろ ……………	（お）風呂 ………	L14-1
〜ふん・ぷん：5 ふん・10 ぷん		
……………………………	〜分：5分・10分 ……	L3-1
ぶんかさい ……………	文化祭 ……………	L13-3

へ

へいじつ ………………	平日 ………………	L15-1
へえ ……………………		L4-1
へた（な）……………	下手（な）………	L6-2
へや ……………………	部屋 ………………	L6-1
ベルト …………………		L10-1
へん（な）……………	変（な）…………	L6-2
べんきょうします［べんきょうする］		
……………………	勉強します［勉強する］…	L4-1
（お）べんとう ………	（お）弁当 ………	L4-2
べんり（な）…………	便利（な）………	L6-2

ほ

ぼうえき ………………	貿易 ………………	L3-2
ぼうえきがいしゃ ……	貿易会社 …………	L10-2
ぼうし …………………	帽子 ………………	L2-2
ほうちょう ……………	包丁 ………………	L4-3
ホーム …………………		L12-2
ホール …………………		L12-2
ボール …………………		L2-1
ボールペン ……………		L9-2
ぼく ……………………		L7-1
ボタン …………………		L12-1
ポップコーン …………		L2-1
ポテト …………………		L2-1

335

ホテル ……………………………… L4-3
ほら ………………………………… L14-2
ほん ………………… 本 ………… L2-1
～ほん：2ほん …… ～本：2本 …… L11-3
ぼんおどり ………… 盆踊り ……… L13-3
ほんだな …………… 本棚 ……… L4-3
ほんとうです ……………………… L5-1

■■■■■■■■■■■■ ま ■■■■■■■■■■■■

～まい：1まい …… ～枚：1枚 … L11-2
まいあさ …………… 毎朝 ……… L4-1
まいしゅう ………… 毎週 ……… L4-1
まいにち …………… 毎日 ……… L3-1
(～の) まえ ………… (～の) 前 … L2-2
まえ (は～) ………… 前 (は～) … L4-2
まじめ (な) ………… 真面目 (な) … L10-2
マスク ……………………………… L14-1
また ………………………………… L2-3
また あとで ………………………… L4-1
まち ………………… 町 ………… L6-2
まちがえます [まちがえる]
　　　　　　　　　間違えます [間違える] ‥ L9-1
まちます [まつ] …… 待ちます [待つ] …… L7-1
まっちゃ …………… まっ茶 …… L6-2
(お) まつり ………… (お) 祭り … L6-1
まど ………………… 窓 ………… L4-3
まにあいます [まにあう] … 間に合います [間に合う] ‥ L9-3
マフラー …………………………… L10-1
まるい ……………… 丸い ……… L4-3
まわします [まわす] ‥ 回します [回す] ……… L12-1
まんが ……………………………… L7-2

■■■■■■■■■■■■ み ■■■■■■■■■■■■

ミーティング ……………………… L12-1
みかん ……………………………… L2-1
みぎ ………………… 右 ………… L4-3
みじかい …………… 短い ……… L2-3
みず ………………… 水 ………… L2-1
みせ ………………… 店 ………… L4-1
みせて ください … 見せて ください … L2-3
みせます [みせる] … 見せます [見せる] ‥ L11-3
みそかつ …………………………… L6-2
みなさん …………… 皆さん …… L4-3
みなみ ……………… 南 ………… L10-3
みます [みる] ……… 見ます [見る] ……… L3-1

(お)みやげ ………… (お)土産 … L4-2
ミュージカル ……………………… L7-1
ミルク ……………………………… L5-3
みんな ……………………………… L7-3

■■■■■■■■■■■■ む ■■■■■■■■■■■■

むかい ……………… 向かい …… L3-2
むかえます [むかえる] … 迎えます [迎える] …… L5-1
むずかしい ………… 難しい …… L6-1
むり (な) …………… 無理 (な) … L12-2

■■■■■■■■■■■■ め ■■■■■■■■■■■■

め …………………… 目 ………… L10-3
メール ……………………………… L12-1
めがね ……………………………… L2-2
メニュー …………………………… L5-2
メロン ……………………………… L2-1

■■■■■■■■■■■■ も ■■■■■■■■■■■■

もう いちど ………… もう 一度 … L1-2
もう すこし ………… もう 少し … L2-3
もう ひとつ ………… もう 一つ … L7-3
もうしこみ ………… 申し込み … L12-1
もうしこみしょ …… 申込書 …… L8-2
もうしわけ ありません … 申し訳 ありません … L15-1
もうすぐ …………………………… L7-3
もしもし …………………………… L3-3
もちます [もつ] …… 持ちます [持つ] …… L8-1
もって いきます [もって いく]
　　　　　　　　　持って 行きます [持って 行く] … L4-3
もって きます [もって くる]
　　　　　　　　　持って 来ます [持って 来る] … L13-3
もどします [もどす] … 戻します [戻す] ……… L13-1
もの ………………… 物 ………… L6-2
もみじ ……………… 紅葉 ……… L14-3
もんだい …………… 問題 ……… L14-2

■■■■■■■■■■■■ や ■■■■■■■■■■■■

～や：ほんや ……… ～屋：本屋 ………… L3-2
やきとり …………… 焼き鳥 …… L13-1
やさい ……………… 野菜 ……… L2-2
やさしい …………… 優しい …… L10-2
やすい ……………… 安い ……… L2-3
やすみ ……………… 休み ……… L4-1
やすみます [やすむ] … 休みます [休む] …… L8-1

336

やせます [やせる] ·····················L14-2
やちん ············ 家賃 ·················L9-1
やっきょく ········ 薬局 ·················L14-3
やま ············· 山 ···················L6-1
やまのぼり ········ 山登り ···············L15-1
やめます [やめる] ····· 止めます [止める] ·····L9-3
やります [やる] ·······················L12-2
やります [やる] ········ (花に 水を) やります ··L14-1

■■■■■■■■■■■■■ ゆ ■■■■■■■■■■■■■

ゆうびん ··········· 郵便 ················L12-1
ゆうびんきょく ······ 郵便局 ··············L3-2
ゆうびんばんごう ····· 郵便番号 ············L12-4
ゆうめい (な) ······· 有名 (な) ···········L6-2
ゆかた ············· 浴衣 ················L11-2
ゆき ·············· 雪 ·················L3-1
ゆきまつり ·········· 雪祭り ··············L6-3
ゆっくり ·····························L1-2
ゆでます [ゆでる] ······················L12-1
ゆびわ ············· 指輪 ················L10-1

■■■■■■■■■■■■■ よ ■■■■■■■■■■■■■

ヨガ ·······························L5-1
よく ············· よく (買います) ········L4-2
よく ············· よく (似て います) ·····L10-2
よこ ············· 横 ···················L4-3
よごします [よごす] ··· 汚します [汚す] ·······L15-1
よてい ············ 予定 ················L12-1
よびます [よぶ] ····· 呼びます [呼ぶ] ·······L7-1
よみます [よむ] ····· 読みます [読む] ·······L4-1
よやくします [よやくする]
　　········· 予約します [予約する] ···L4-3
よります [よる] ······ 寄ります [寄る] ·······L12-4
よる ············· 夜 ···················L1-2

■■■■■■■■■■■■■ ら ■■■■■■■■■■■■■

ラーメン ····························L5-2
らいげつ ··········· 来月 ················L12-1
らいしゅう ·········· 来週 ················L3-1
ランチ ·····························L5-2

■■■■■■■■■■■■■ り ■■■■■■■■■■■■■

りっぱ (な) ········· 立派 (な) ···········L10-3
リボン ·····························L13-2
りゆう ············· 理由 ················L12-1

りょうしん ·········· 両親 ················L10-2
りょうほう ·········· 両方 ················L14-2
りょうり ··········· 料理 ················L4-2
りょこう ··········· 旅行 ················L6-3
りょこうします [りょこうする]
　　·········· 旅行します [旅行する] ···L6-1
りんご ·····························L2-1

■■■■■■■■■■■■■ れ ■■■■■■■■■■■■■

レジ ·······························L4-3
レストラン ···························L8-2
レポート ····························L9-1
レモン ·····························L2-1
れんきゅう ·········· 連休 ················L6-1
れんしゅう ·········· 練習 ················L4-1
れんしゅうします [れんしゅうする]
　　·········· 練習します [練習する] ····L12-2
れんらくします [れんらくする]
　　·········· 連絡します [連絡する] ···L12-4

■■■■■■■■■■■■■ ろ ■■■■■■■■■■■■■

ロッカー ····························L9-1
ロビー ·····························L3-3

■■■■■■■■■■■■■ わ ■■■■■■■■■■■■■

わあ ·······························L1-3
ワイン ·····························L1-3
わかりました ··························L2-2
わかります [わかる] ·····················L7-3
わさび ·····························L5-3
わしょく ··········· 和食 ················L13-1
わすれます [わすれる]
　　·········· 忘れます [忘れる] ·····L9-1
わたし ············· 私 ·················L1-1
わたしたち ·········· 私たち ··············L4-3
わたします [わたす] ··· 渡します [渡す] ·······L12-3
わたります [わたる] ··· 渡ります [渡る] ·······L9-2
わります [わる] ······ 割ります [割る] ·······L15-1
わるい ············· 悪い ················L6-1
ワンピース ···························L10-1

337

アクティビティー・よみましょう・かきましょうの ことば

L 1

なまえ ……………… 名前
じこしょうかい …… 自己紹介
します［する］
ぼうえき ………… 貿易
しゃいん …………… 社員
まる ………………… ○
ばつ ………………… ×
だいがく ………… 大学
しめい …………… 氏名
せいべつ ………… 性別
じゅうしょ ……… 住所
せいねんがっぴ … 生年月日
ねんれい ………… 年齢
でんわばんごう … 電話番号
こくせき ………… 国籍

L 2

きょう …………… 今日
レート
〜ぐらい
〜こ：10 こ ……… 〜個：10 個
トイレットペーパー
〜ロール
タクシー
キロメートル ……… km
かいもの ………… 買い物
（お）さいふ ……… （お）財布

L 3

どうやって
のりば …………… 乗り場
いきさき ………… 行き先
じこく …………… 時刻
〜いき：せんだいいき
 …………………〜行き：仙台行き
れい ……………… 例
かいたいです …… 買いたいです

L 4

いちにち ………… 一日

ジョギング
おわります［おわる］
 ………… 終わります［終わる］
ギター
メール
しょくじ ………… 食事
あいます［あう］ …… 会います［会う］
たくさん

L 5

じぶん …………… 自分
ときどき
とんかつ
ステーキ
ぎゅうどん ……… 牛丼
やきとり ………… 焼き鳥
わしょく ………… 和食
ちゅうか ………… 中華
ようしょく ……… 洋食
やきざかな ……… 焼き魚
ハンバーガーショップ
あき ……………… 秋
タフ
バーガー
いっぱい
ビタミン
ウーロンちゃ …… ウーロン茶
ちかく …………… 近く
（お）ひるごはん … （お）昼ご飯
ガパオ

L 6

じんじゃ ………… 神社
にっき …………… 日記
りょこうあんないしょ
 …………… 旅行案内所
かかりの ひと …… 係りの 人
わかります［わかる］
うれしい
はじめに
ケーブルカー

（お）ゆ …………… （お）湯
もどります［もどる］ … 戻ります［戻る］
こんどは ………… 今度は
じゅんばん ……… 順番

L 7

アンケート
けっか …………… 結果
グラフ
がいこくじん …… 外国人
おなじ …………… 同じ
アジア

L 8

この あいだ ……… この 間
せんしゅうまつ …… 先週末
（お）しょうがつ …（お）正月
かちます［かつ］ …… 勝ちます［勝つ］
つよい …………… 強い
スタジアム
まんいん ………… 満員
さくら …………… 桜
さきます［さく］ …… 咲きます［咲く］
はじまります［はじまる］… 始まります［始まる］
はじめて ………… 初めて
だいぶつ ………… 大仏
しか ……………… 鹿
カンガルー
びっくりします［びっくりする］
おくります［おくる］
 ………（写真を）送ります［送る］
あんないします［あんないする］
 …………案内します［案内する］
さいきん ………… 最近
しょうかいします［しょうかいする］
 …………紹介します［紹介する］

L 9

マーク
いみ ……………… 意味
ペットボトル

リサイクルします［リサイクルする］
つきます［つく］ ····· 付きます［付く］
しって います［しって いる］
　···· 知って います［知って いる］
せん ····················· 線
ならびます［ならぶ］
　················· 並びます［並ぶ］
ほかの ················ 他の
おします［おす］
　········· （人を）押します［押す］
さき ····················· 先
ふく ····················· 服
とります［とる］ ····· 取ります［取る］
クイズ

■■■■■■■■ L 10 ■■■■■■■■

せんもんがっこう　専門学校
せんもん ············· 専門
せいかく ············· 性格
はたち ················ 二十歳
かんがえます［かんがえる］
　······························· 考えます［考える］
べんきょう ········· 勉強
あじ ····················· 味
うわぎ ················ 上着
おきゃくさん ······· お客さん
まいとし ············· 毎年
ホール
ピアノ
ひきます［ひく］ ····· 弾きます［弾く］
らいねん ············· 来年
しんじゅ ············· 真珠

■■■■■■■■ L 11 ■■■■■■■■

ごちそうに なります［ごちそうに なる］
がいこく ············· 外国
ある まち ··········· ある 町
さがします［さがす］
　······························ 探します［探す］
せつめい ············· 説明
（お）れい ··········· （お）礼
おじゃましました

■■■■■■■■ L 12 ■■■■■■■■

こまります［こまる］
　················· 困ります［困る］
たのみます［たのむ］
　················· 頼みます［頼む］
けいじばん ········ 掲示板
はります［はる］ ····· 貼ります［貼る］
ききとり ············· 聞きとり
ぶんぽう ············ 文法
ぶんか ················ 文化
かいわ ················ 会話
もうしこみます［もうしこむ］
　········· 申し込みます［申し込む］
ぜんいん ············· 全員
しらせます［しらせる］
　·········· 知らせます［知らせる］
おくれます［おくれる］
　·········· 遅れます［遅れる］
やくそく ············· 約束

■■■■■■■■ L 13 ■■■■■■■■

サイクリング
しょどう ············· 書道
てんらんかい ······ 展覧会
プロ
カメラマン
ポスター
ボランティア
つうやく ············· 通訳
ホームページ
うけとります［うけとる］
　········ 受け取ります［受け取る］
うけつけばんごう … 受付番号

■■■■■■■■ L 14 ■■■■■■■■

アドバイス
ふとります［ふとる］
　······························· 太ります［太る］
ダイエット
キロ（グラム）······· kg
きじ ····················· 記事
みえます［みえる］ … 見えます［見える］
そら ····················· 空

■■■■■■■■ L 15 ■■■■■■■■

しっぱい ············· 失敗
ふくろ ················ 袋
れんらく ············· 連絡
でて きます［出て くる］
　········· 出て きます［出て くる］
ちゅうい ············· 注意
おわび

339

各課のできることと文型

課・タイトル	パート	できること	勉強すること	例文
L1 あいさつする	1	・初めて会った人にあいさつをしたり、名前を言ったりすることができる ・初めて会った人に国や仕事を聞いたり、言ったりすることができる	私は〜です 〜は〜(の)〜です 〜は〜も〜 〜は〜ですか はい、〜です いいえ、〜じゃありません 〜じゃありません だれですか	私はタンです。 キムさんは学生です。／キムさんは日本語学校の学生です。 サラさんは会社員です。井上さんも会社員です。 キムさんは学生ですか。 はい、学生です。 いいえ、学生じゃありません。 サラさんは学生じゃありません。 あの人はだれですか。—— あおきさんです。
	2	・近所の人に会ったとき、あいさつができる ・近所の人と「いい天気ですね」「暑いですね」などの簡単な会話ができる	あいさつ いい天気ですね もう一度お願いします	おはようございます。こんにちは。こんばんは おはようございます。いい天気ですね。 すみません。もう一度お願いします。
	3	・近所の人やこれからお世話になる人にあいさつができる ・いつどこから来たか聞いたり、答えたりすることができる	〜から来ました お国はどちらですか 〜のどちらですか いつ〜へ来ましたか ——〜(に)来ました 〜を〜ます ——〜ますか 〜を〜を〜ますか はい、〜ます いいえ、〜ません	私は先週ベトナムから来ました。 お国はどちらですか。—— 中国です。 中国のどちらですか。—— 北京です。 いつ日本へ来ましたか。—— 1月に来ました。 私はお酒を飲みます。／サラさんはお酒を飲みますか。 キムさんは甘いものを食べますか。 はい、食べます。 いいえ、食べません。
L2 買い物する	1	・買いたいものを店員に言うことができる ・いくつ買いたいか店員に言うことができる ・店員に値段を聞くことができる	いくらですか／全部でいくらですか 〜円です／全部で〜円です これ／それ／あれ／どれ いくつですか 〜(つ)です 〜(を)ください 〜を〜【数】ください 〜と〜(を)ください 〜(を)〜【数】と〜(を)〜【数】ください	これはいくらですか。／全部でいくらですか。 100円です／全部で410円です。 それはいくらですか。—— これは1,000円です。 いくつですか。 一つです。 りんごをください。 りんごを一つください。 りんごとオレンジをください。 りんごを三つとオレンジを二つください。

		〔Can-do〕	〔文型〕	〔例文〕
L2 買い物 をする	2	・売り場はどこか店員に聞くことができる ・商品がどこにあるか店員に聞くことができる	～はどこですか ～は[場所]です ～はどこにありますか となり・前・後ろ	靴売り場はどこですか。 靴売り場は4階です。 卵はどこにありますか。 卵パンのとなりです。
	3	・他に商品があるかどうか聞くことができる ・員がないので店を出ることを確かめることができる	この/その/あの/どの～ ～[い形容詞]いです ～[い形容詞]くないです ～[い形容詞]い～[名詞] ～[い形容詞]いの	その帽子はいくらですか。 ― 2,000円です。 Aさんの靴は高いです。 重いですか。 ― いいえ、重くないです。 大きい靴 この靴、黒いのはありますか。
L3 電車やバスに 乗る	1	・目的地までの行き方を言ったり、聞いたりすることができる ・自分がしたいことを言うことができる	～へ行きます/来ます 何で行きますか/来ますか ～たいです/～たくないです	私はバスで横浜へ行きます。 毎日会社へ行っています。 私はこのケーキが食べたいです。/私は学校へ行きたくないです。
	2	・バス停や駅などがどこにあるか聞くことができる ・バスの時間を聞くことができる ・バスの行き先を確かめることができる	ここ/そこ/あそこ/どこ ～に～があります 今、何時ですか ― ～時です **時・分** ～は何時に来ますか ～は[時間]に来ます ～は[場所]へ行きますか 何番の～ですか ― ～番です	郵便局はどこですか。 ― ここです。 銀行のとなりに花屋があります。 今何時ですか。 ― 2時です。 2時・2分・20分・2時20分 次のバスは何時に来ますか。 次のバスは9時35分に来ます。 このバスは名古屋へ行きますか。 京都へ行きたいです。何番のバスですか。 ― 3番です。
	3	・目的地までの電車の値段、かかる時間、乗り場など を聞くことができる ・自分がどこにいるか、言うことができる	[場所]から[場所]まで～ ～[時間]かかります どれくらいかかりますか ～[時間]ぐらい **時間・分(間)・時間半** ～は[場所]にいます どこにいますか ― ～[場所]にいます	ここから恵比寿まで ここから恵比寿まで20分ぐらいかかります。 ここから恵比寿まではどれくらいかかりますか。 20分ぐらいです。 2時間・20分間・1時間半 りさんはコピー機の前にいます。 今どこにいますか。 ― 本屋にいます。

341

レッスン		Can-do	文型	例文
L4 毎日することを話す	1	・日常生活でしていることを言うことができる ・何時にするか、何時から何時までするかを言うことができる	～ます ～を～ます 何をしますか ～[時間]から～[時間]まで～ ～は～[場所]で～ます どこで～ますか ――～[場所]で～ます	朝勉強します。 日本語を勉強します。 週末に何をしますか。 毎日午前9時から午後6時まで仕事します。 休みの日、私はうちで音楽を聞きます。 どこで泳ぎますか。――プールで泳ぎます。
	2	・日常生活でしたことを言うことができる ・だれがしたか、だれのものなのか、聞いたり、言ったりすることができる	～ました ～ませんでした 何をしましたか ――～ました だれが～か ――～が ～の～ だれの～ですか ――～のです	昨日テレビを見ました。 今朝朝ごはんを食べませんでした。 昨日何をしましたか。――サッカーをしました。 だれがこの絵をかきましたか。――私がかきました。 サラさんの時計 これはだれの靴ですか。――マリーさんのです。
	3	・他の人といっしょに作業をするとき、自分が何をするか伝えることができる ・道具がどこにあるか聞いたり、言ったりすることができる	私は～ます ～はどこにありますか 上・下・右・左・中・外 ～は（の）～にあります ――	私は野菜を切ります。 はさみはどこにありますか。 はさみは机の上にあります。
L5 食事する	1	・他の人を誘って飲食店に行くことができる ・飲食店に入って、人数と席の希望を店員に言うことができる	～ませんか ～ましょう ～[ます形]に行きます 何か／どこか／だれか	コーヒーを飲みませんか。 飲みましょう。 明日新宿へ靴を買いに行きます。 どこか行きませんか。
	2	・メニューを見て何を注文するか話すことができる ・メニューを見てわからないものがあったとき、何か聞くことができる	どれにしますか ～[名詞]にします ～は何ですか	どれにしますか。 私はチョコレートケーキにします。 これは何ですか。――りんごのケーキです。
	3	・食べ物の味がどうかを言うことができる ・ほしいものを言うことができる	～は～[い形容詞][味]いです ～。でも、～ 私は～がほしいです	わさびは辛いです。 これはおいしいです。でも、辛いです。 私はバイクがほしいです。
L6 予定や思いたことを話す	1	・休みの予定を聞いたり、言ったりすることができる ・簡単に理由を言うことができる	～[い形容詞]いですか はい、～[い形容詞]いです いいえ、～[い形容詞]くないです ～から、～ どうしてですか ――～から どこも・何も～ません	京都は遠いですか。 はい、遠いです。 いいえ、遠くないです。 歯が痛いですから、帰りたいです。 日曜日私はどこも行きません。

		できること	文型・表現	例文
L6 予定やしたことを話す	2	・旅行先がどんなところか聞いたり、言ったりすることができる ・旅行先の名産品を簡単に紹介することができる	～[な形容詞] です ～[な形容詞] な～[名詞] です どんな～[名詞] ですか とても～ ちょっと～ あまり～ません・ないです	有名です。 有名なお寺 京都はどんなところですか。 古い町です。 にぎやかなところです。 有名じゃありません・有名じゃないです 私の国の1月はとても寒いです 私のアルバイトはちょっと大変です。 このお寺はあまり有名じゃありません。有名じゃないです。
	3	・旅行先で何をしたか聞いたり、言ったりすることができる ・旅行の感想を聞いたり、言ったりすることができる	～[い形容詞] かったです ～[い形容詞] くなかったです ～[な形容詞] でした ～[な形容詞] じゃありませんでした・じゃなかったです ～[名詞] でした ～[名詞] じゃありませんでした・じゃなかったです ～はどうですか ～はどうでしたか	昨日のパーティーは楽しかったです。 昨日のパーティーは楽しくなかったです。 昨日のテストは簡単でした。 昨日のテストは簡単じゃありませんでした。 休みでした。 休みじゃありませんでした。 日本語の勉強はどうですか。 ― おもしろいです。 旅行はどうでしたか。 ― 楽しかったです。
L7 友達と話す①	1	・週末の予定を先生に聞いたり、言ったりすることができる ・週末の予定を友達に聞いたり、言ったりすることができる	動詞グループ分け 動詞辞書形 普通形会話 [動詞]-現在肯定 (何をしますか／何（を）する) ～[名詞] に行きます	― コンサート、行く？ ― うん、行く。 明日、何する？ ― 映画、見る みどり公園へお花見に行く。
	2	・週末のイベントに参加するかどうか、先生と話すことができる ・週末のイベントに参加するかどうか、友達と話すことができる	動詞ない形 普通形会話 [動詞]-現在否定 ～ない？ ― うん／ううん、～ない どうして？ ― ～から。	― 食べる？ ― ううん、食べない。 コーヒー、飲みに行かない？ ― うん、行く。／ううん、行かない。
	3	・何かわからないものがあったとき、先生や友達に聞くことができる ・自分が感じたことを言うことができる	普通形会話 [い形容詞]-現在肯定・現在否定 普通形会話 [い形容詞]-現在肯定・現在否定 普通形会話 [な形容詞]-現在肯定・現在否定 普通形会話 [な形容詞]-現在肯定・現在否定 普通形会話 [名詞]-現在肯定・現在否定 普通形会話 [名詞]-現在肯定・現在否定 普通形会話 [疑問詞]	おいしい？ ― うん、おいしい。 おいしい？ ― ううん、おいしくない。 変？ ― うん、変（だ）。 変？ ― ううん、変じゃない。 授業？ ― うん、授業（だ）。 授業？ ― ううん、授業じゃない。 何？／いつ？／どこ？

課		できること	文型	例文
L8 友達と話す②	1	・週末に何をしたか友達に聞いたり、言ったりすることができる	**動詞た形** 普通形会話 [動詞]・過去肯定 普通形会話 [動詞]・過去否定	— 交流会、行った? —うん、行った。 交流会、行った? —ううん、行かなかった。
	2	・休みの日に何をしたか、どうだったか、友達と話すことができる	普通形会話 [い形容詞]・過去肯定 普通形会話 [い形容詞]・過去否定 どうだった? 普通形会話 [な形容詞]・過去肯定 普通形会話 [な形容詞]・過去否定 普通形会話 [名詞]・過去肯定 普通形会話 [名詞]・過去否定 普通形	このゲーム、おもしろかった? —うん、おもしろかった。 このゲーム、おもしろかった? —ううん、おもしろくなかった。 動物園、どうだった? —楽しかったよ。 昨日のテスト、簡単だった? —うん、簡単だった。 昨日のテスト、簡単だった? —ううん、簡単じゃなかった。 今日、テストだった? —うん、テストだった。 今日、テストだった? —ううん、テストじゃなかった。 —
L9 注意や指示を聞く	1	・ごみの捨て方などの注意がわかり、謝ることができる ・大家さんにごみの捨て方などのきまりを聞くことができる	**動詞て形** ～ないでください ～てください まてに～	— 写真を撮らないでください。 こちらを見てください。 8時45分までに会社へ行きます。
	2	・試験のときの注意を聞いてわかる ・先生や係の人がどのようにルールやしてもいいことについて簡単に聞くことができる	～てはいけません ～てもいいです ～[道具]で～	ここでたばこを吸ってはいけません。 帰ってもいいですか。—はい、帰ってもいいです。 鉛筆で書いてください。
	3	・先生の注意を聞いてわかる ・他の人が何をしているか伝えることができる	(今)～ています もう～ まだ～	サラさんは掃除をしています。 タンさん、もうゲームをやめてください。 タンさんがまだゲームをしています。
L10 人や町を 紹介する	1	・服装や動作を伝えて、その人が誰かがわかり、言ったりすることができる ・人を紹介することができる	～をしています ～をしている[名詞]	タンさんはコートを着ています。 帽子をかぶっている人はだれですか。—キムさんです。
	2	・家族や友達などを紹介することができる ・住んでいるところ、職業、結婚しているかどうかを聞いたり、言ったりすることができる	住んでいます 働いています [仕事] 結婚しています	姉は北京に住んでいます。 弟はホテルで働いています。 妹は雑誌のイラストをかいています。 兄は結婚しています。
	3	・自分の町を簡単に紹介できる ・自分が感じていることを言うことができる	～は～くて、～で、～です ～は～が～です ～が、～ [逆接] (私は)～と思います [意見・感想]	彼女は明るくて、まじめな人です。料理が上手で、優しいです。 新宿はビルが多いです。 私の町は小さいですが、にぎやかです。 横浜はきれいな町だと思います。

		できること	文型	例文
L11 **お礼を言う**	1	・お祝いに何をあげるか相談できる ・お祝いをもらって、お礼を言うことができる	～は～に～をあげます ～は～に～をもらいます ～ましょうか。 ～はどうですか。 ～たとき、～ました ～とか、～とか～	私は友達にプレゼントをあげます。 私は恋人にネクタイをもらいましょうか。 プレゼント、何を買いましょうか。 財布はどうですか。 大学に入ったとき、パソコンをもらいました。 誕生日に花とか、ワインとかをもらいました。
	2	・持っているものや着ているものなどをほめられてお礼を言うことができる ・もらったものや作ってもらったものなどについて、だれにいつもらったか簡単に説明することができる	～は～てもらいます 【動詞辞書形】とき、～ました	わたしは父にネックレスを買ってもらいました。 きょねんハワイへ行くとき、サングラスを買いました。
	3	・困っている人に手助けを申し出ることができる ・してもらったことに対して、お礼を言うことができる	～ましょうか。 ～てあげてください ～ていただいて、ありがとうございました ～て、～ [理由]	仕事を手伝いましょうか。 本を取ってあげてください。 教えていただいて、ありがとうございました。 風邪が早く治って、よかったですね。
L12 **お願いする**	1	・理由を言って、簡単なお願いをすることができる ・簡単な手順を聞いて、理解することができる	～んですが、～てください [依頼] 【動詞ます形】方 ～て、～	3時の新幹線に乗るんですが、乗り場を教えてください。 コーヒーマシンの使い方 ここにカップを置いて、このボタンを押して、待ちます。
	2	・理由を言って、ていねいにお願いをすることができる ・困っていることを言って、手助けを求めることができる	～んですが、～ていただけませんか 【動詞辞書形】まえに、～ 【名詞】のまえに、～ ～てみます	傘がないんですが、貸していただけませんか。 薬を飲むまえに、これを読んでください。 毎日仕事のまえに、プールで泳いでいます。 これ、おいしいですよ。―そうですか。食べてみます。
	3	・友達に簡単なお願いをすることができる ・友達に頼みにくいことを頼むことができる	～て。 ～てくれない? ～[普通形] ～[名詞]	窓、開けて。 これ、教えてくれない? これは友達にもらった人形です。
	4	・体調が悪いことを伝えて早退したり、休んだりすることができる ・理由を言って、許可をもらうことができる	～ので、～てもいいですか ～ので、～なくてもいいですか ～から、～てもいい? ～から、～なくてもいい? ～ので、～ どうして～んですか ―～んです どうして～んですか ―～んです	頭が痛いので、帰ってもいいですか。 メールで連絡したので、窓を開けなくてもいいですか? ちょっと暑いから、電話を開けてもいい? きれいだから、掃除しなくてもいい? 明日テストがあるので、うちで勉強します。 どうしたんですか。―おなかが痛いんです。 どうして～んだんですか ―おなかが痛かったんです。

		できること	文型	例文
L13 誘う・断る	1	・同僚を食事などに誘うことができる ・誘いを受けて、どの店がいいか相談ができる	～ませんか ～たら、～ ～[名詞]なら、～ [確定案件]	いっしょに帰りませんか。 授業が終わったら、カラオケに行きましょう。 すしが食べたいです。 ―すしなら、いい店を知っていますよ。
	2	・同僚を遊びに誘うことができる ・同僚に誘われて、いつにするか、日程を相談することができる	～[名詞]なら、～ [代案] ～たり、～たり～ ～[名詞]のあとで、～ ～[動詞た形]たあとで、～	金曜日はちょっと。土曜日なら、大丈夫です。 休みの日は買い物をしたり、散歩をしたりします。 掃除のあとで、出かけましょう。 掃除したあとで、出かけましょう。
	3	・友達をイベントに誘うことができる ・友達にイベントに誘われて、断ることができる	～か…(か)、～(選択) ～てみない？ **動詞意向形** 普通形 [動詞意向形] ～(よ)うと思っています	旅行は北海道か沖縄か、どちらがいいですか。 この新しいゲーム、やってみない？ ― いっしょに勉強しない？ ―うん、しよう。 夏休み、国へ帰ろうと思っています。
L14 アドバイス する	1	・体調が悪そうな人に声をかけることができる ・簡単なアドバイスができる	～ないほうがいい ～たほうがいい ～[い形容詞]くなる ～[な形容詞]になる ～[名詞]になる	お酒を飲まないほうがいいです。 薬を飲んだほうがいいです。 背が高くなりました。 日本語が上手になりたいです。 4月から大学生になります。
	2	・問題解決のための情報を伝えることができる ・自分ができること、できないことを言うことができる	**動詞 条件形** ～[動詞条件形]ば、～ ～[確定案件]は、～ ～ができます	毎日駅まで歩けば、やせます。／甘いものを食べなければ、やせます。 私は車の運転ができます。
	3	・旅行先などについて、行ったことがあるかどうか聞くことができる ・旅行先などについて簡単に説明したり、提案したりすることができる	～なら、～ どうですか ～たら、どう？ ～たことがあります ～たことがある	京都へ行くなら秋がいいです。 インターネットで調べたら、どうですか？ やってみたら、どう？ スキーをしたことがあります。 納豆、食べたことがある？ ―うん、ある。
L15 謝る	1	・よくないことをしたときに、ていねいに謝ることができる ・簡単に事情を説明することができる	～てしまいました ～てしまって、～ すみませんでした／申し訳ありませんでした ～[い形容詞案件形]けれど、～ ～[な形容詞案件形]なら、～ ～[名詞案件形]なら、～	友達に借りたカメラを落としてしまいました。 お皿を割ってしまって、申し訳ありませんでした。 日曜日天気がよければ、山登りに行きます。 暇なら、映画を見に行きます。 簡単な漢字なら、わかります。
	2	・友達に謝ることができる ・友達に簡単に事情を説明することができる	～ちゃった ～ながら	Bさんに借りた教科書、汚しちゃった。ごめん。 私は毎朝音楽を聞きながらジョギングします。

各課の提出漢字（92漢字）

L1		0字
L2	円	1字
L3		0字
L4		0字
L5		0字
L6	行　見　国　先　生　日　本　大　人	9字
L7	友　話　休　土　会　学　来　金　分　木　月	11字
L8	食　名　前　出　何　川	6字
L9	火　時　中　外　書　水　入　車　電　語　住　所　年　番　号　間	16字
L10	白　子　男　女　父　母　高　校　小　南　口　長　目	13字
L11	言　聞　思　山　社　雨	6字
L12	帰　東　北　今　買　田　少　方　上　下　右　左　毎　朝　理　由　読　気　作	19字
L13	飲　店　新　週　夜　多	6字
L14	早　花　天　料　回	5字
L15		0字

＊コラムで使用した漢字は含まない。

＊上記以外に、下記の語彙、および一部の地名を漢字で表記した。
「氏名」「性別」「年齢」「国籍」「受付」「漢字」

347

〈著者〉 辻 和子　　ヒューマンアカデミー日本語学校　日本語教育顧問
　　　　小座間 亜依　ヒューマンアカデミー日本語学校　常勤講師
　　　　桂 美穂　　　ヒューマンアカデミー日本語学校　常勤講師

〈写真提供〉
PIXTA, Shutterstock
※東京スカイツリー、スカイツリーは東武鉄道（株）・東武タワースカイツリー（株）の登録商標です。

つなぐにほんご　初級1

2017年 4月12日　初版第1刷発行
2025年 2月19日　初版第10刷発行

著者	辻和子　小座間亜依　桂美穂
翻訳	AtoZ English
イラスト	福場 さおり
装丁	岡崎裕樹
DTP	朝日メディアインターナショナル株式会社
発行人	天谷修身
発行	株式会社アスク
	〒162-8558 東京都新宿区下宮比町2-6
	TEL 03-3267-6864　FAX 03-3267-6867
	https://www.ask-books.com/
印刷・製本	株式会社光邦

落丁・乱丁はお取り替えいたします。許可なしに転載・複製することを禁じます。
ⓒ2017 Human Academy Co., Ltd.　　　　　　　　　　Printed in Japan
ISBN978-4-86639-066-6

つなぐにほんご 初級1
こたえの れい
Example Answers

Lesson1

れんしゅうもんだい

1 ②マイケル／がくせい
2 ①かいしゃいんです／がくせいです
3 ①も がくせいです
　②じん／も ちゅうごくじんです
　③かんこくじん／は ベトナムじん
4 ①がくせいです／じゃ ありません
　②の／も／の／です

はなしましょう　　007-009

●できますか？
　キム：はじめまして。キムです。
　サラ：はじめまして。サラです。どうぞ
　　　　よろしく おねがいします。
　キム：どうぞ よろしく おねがいします。
　キム：サラさん、おくには どちらですか。
　サラ：フランスです。
　サラ：キムさんは？
　キム：わたしは かんこくです。
　サラ：そうですか。
　キム：サラさん、おしごとは？
　サラ：かいしゃいんです。
　サラ：キムさんも かいしゃいんですか。
　キム：いいえ、かいしゃいんじゃ ありま
　　　　せん。わたしは にほんごがっこう
　　　　の がくせいです。

●じゆうに はなしましょう
　① A：はじめまして。わたしは Aです。

　　B：はじめまして。わたしは Bです。
　　　Aさん、おくには どちらですか。
　　A：ちゅうごくです。Bさんは？
　　B：わたしは アメリカです。どうぞ
　　　よろしく おねがいします。
　　A：どうぞ よろしく おねがいします。
　② A：はじめまして。わたしは Aです。
　　　ちゅうごくじんです。かいしゃい
　　　んです。どうぞ よろしく おねが
　　　いします。

Lesson1

れんしゅうもんだい

2 ②こんにちは／あついです
　③こんばんは／こんばんは／さむいです

はなしましょう　　014-015

●できますか？
　サラ：おはようございます。
　きんじょの ひと：おはようございます。
　サラ：あついですね。
　きんじょの ひと：そうですね。
　きんじょの ひと：おしごとですか。
　サラ：え？ すみません。もう いちど、お
　　　　ねがいします。
　きんじょの ひと：おしごと？
　サラ：あ、はい、そうです。
　きんじょの ひと：そうですか。いってらっ
　　　　　　　　　しゃい。
　サラ：いってきます。

●これも できますか？
　タン：こんにちは。
　にしかわ：こんにちは。
　タン：いい てんきですね。
　にしかわ：そうですね。
　にしかわ：よるは あめですよ。

タン：え？ すみません、ゆっくり おねがいします。

にしかわ：よるは あめですよ。

タン：あ、はい。

タン：いってきます。

にしかわ：いってらっしゃい。

Lesson1 3

れんしゅうもんだい

1 ②ネパール／カトマンズ

④タン／せんしゅう ベトナムの ホーチミン／リです／1がつに ちゅうごくの ペキンから きました

⑤4がつ／ちゅうごく／ちゅうごく／シャンハイ／3がつ／アメリカ／ニューヨーク

2 ①を のみます／のみません／のみます

②たべますか／たべます／オーストラリア／チョコレート

はなしましょう　　🔊020-021

●できますか？

いのうえ：はじめまして。いのうえです。よろしく おねがいします。

サラ：はじめまして。

サラ：わたしは サラです。せんしゅう フランスから きました。

いのうえ：そうですか。フランスの どちらですか。

サラ：パリです。

サラ：いのうえさんは あまい ものを たべますか。

いのうえ：はい、たべます。すきです。

サラ：これ、フランスの チョコレートです。どうぞ。

いのうえ：わあ、ありがとうございます。

●じゆうに はなしましょう

Ａ：はじめまして。わたしは Ａです。

Ｂ：はじめまして。Ｂです。ちゅうごくの シャンハイから きました。

Ａ：そうですか。わたしは かんこくの ソウルから きました。よろしく おねがいします。

Ｂ：どうぞ よろしく おねがいします。

Ａ：Ｂさんは おさけを のみますか。

Ｂ：はい、のみます。すきです。

Ａ：これ、かんこくの おさけです。どうぞ。

Ｂ：わあ、ありがとうございます。

よみましょう

1 ○　2 ○　3 ×　4 ×　5 ×

Lesson2 1

れんしゅうもんだい

1 ②ひゃくごじゅうきゅう／にひゃくななじゅうよ／せんさんびゃくよんじゅう／にまんさんぜんはっぴゃく

2 ②それ／これ

3 ①ふたつ／みっつ／よっつ／いつつ／むっつ／ななつ／やっつ／ここのつ／とお

②いつつ／ふたつ／いつつ／ふたつ

4 ③オレンジジュース／いくつです／ふたつ／いくらですか／900

はなしましょう　　🔊028-029

●できますか？

てんいん：いらっしゃいませ。

タン：すみません。これ、ください。

てんいん：コロッケですね。

てんいん：いくつですか。

タン：いつつ ください。

2

てんいん：はい。
タン：これも ください。
てんいん：コロッケ いつつと コーラですね。ぜんぶで 550円です。
タン：え、すみません。いくらですか。
てんいん：550円です。
タン：はい。

●これも できますか？
てんいん：いらっしゃいませ。
A：これ、いくらですか。
てんいん：120円です。
A：これ、いくらですか。
てんいん：それは 150円です。
A：これ ふたつと、これ みっつ ください。
てんいん：ぜんぶで 660円です。
A：え、すみません。いくらですか。
てんいん：660円です。
A：はい。

Lesson2 2

れんしゅうもんだい

1 ②どこです／いっかい
2 ②ありますか／うしろ
　③どこです／となり

はなしましょう

●できますか？
A：すみません。
てんいんA：いらっしゃいませ。
A：くつしたうりばは どこですか。
てんいんA：4かいです。
A：すみません。くつしたは どこに ありますか。
てんいんB：くつしたは あちらです。ぼうしの となりです。

A：ありがとうございます。
●これも できますか？
A：すみません。
B：はい。
A：しょくひんうりばは どこですか。
B：ちか1かいです。
A：ありがとうございます。
B：すみません。トイレは どこに ありますか。
てんいん：かいだんの となりです。
B：ありがとうございます。

Lesson2 3

れんしゅうもんだい

1 ①この
　②その／この
2 ①1) くろい　2) しろい　3) あかい
　　4) ちゃいろい　5) きいろい
　　6) あおい
　③の
3 ③ながい
　④おおきいの／おおきいの
4 ②おおきくない
　③ながくない

はなしましょう

●できますか？
ラマ：その くつ、みせて ください。
てんいん：くろい くつですか。
ラマ：いいえ、あかいのです。
てんいん：はい。
てんいん：どうぞ。
ラマ：あ、ちょっと おおきいですね。この くつ、ちいさいの、ありますか。
てんいん：はい、あります。
てんいん：どうぞ。

ラマ：あ、これは ちょっと ちいさいです
　　　ね。

てんいん：そうですか。

ラマ：すみません。また きます。

てんいん：ありがとうございました。

●これも できますか？

　A：この セーター、ちょっと おおきいで
　　　すね。ちいさいの、ありますか。

てんいん：はい、あります。

　A：これ、いいですね。いくらですか。

てんいん：5,800円です。

　A：ああ、ちょっと たかいですね。

　A：もっと やすいの、ありますか。

てんいん：そうですね。これは 3,000円(えん)
　　　です。

　A：う〜ん、いろが ちょっと…。

　A：また きます。

てんいん：ありがとうございます。

よみましょう

	やまもとさん	さとうさん	すずきさん	かとうさん
1	1F	4F	2Fと3F	2Fと3Fと5F
2	190円(えん)	3,800円(えん)	1,950円(えん)	1,200円(えん)

かきましょう

せんえん／ろっぴゃくえん／きゅうじゅうな
なえん／にまんさんぜんはっぴゃくえん／
せんさんびゃくよんじゅうえん／ひゃくご
じゅうきゅうえん／にひゃくななじゅうよえ
ん／はっせんきゅうひゃくごじゅうはちえん

Lesson3 1

れんしゅうもんだい

1 ②なんで／しんかんせんで
　③ろっぽんぎへ／なんで／バスで

④なんで／ちかてつで いきます

⑤あるいて／へ／なんで きます／でん
　しゃで きます／も でんしゃで きます

⑥なんで／バスで きました／タクシーで
　きました

2 ②が たべたい／たべたい

③へ いきたいです／み／きょうとへ いき
　たいです

はなしましょう　　　　　🔊047-048

●できますか？

アティ：わあ！ これ、どこですか？ たべ
　　　たいですね。

サラ：はらじゅくの みせですよ。

サラ：どようび、いきませんか。

アティ：はい、いきたいです！

サラ：じゃあ、いきましょう。

サラ：なんで いきますか。

アティ：バスで いきます。サラさんは？

サラ：わたしは あるいて いきます。

アティ：え！ あるいて？

サラ：はい。はらじゅくは うちから ある
　　　いて 15ふんぐらいです。

アティ：そうですか。

アティ：じゃあ、どようび。

サラ：10じに はらじゅくえきで。

アティ：はい！

●これも できますか？

　A：Bさんの うちは どこですか。

　B：なかのです。Aさんは？

　A：おおくぼです。

　B：そうですか。

　A：Bさんは まいにち なんで がっこうへ
　　　きますか。

　B：ちかてつで きます。Aさんは？

　A：わたしは あるいて きます。

　B：へえ、そうですか。

Lesson3 2

れんしゅうもんだい

1 ①どこです／あそこ
2 ③スーパーは ありますか／ゆうびんきょくが あります／あの／うしろ
　④デパートが あります／あの デパート／むかい
3 ①じゅういちじさんじゅっぷん／よじよんぷん／はちじにじゅうはっぷん／くじきゅうふん／じゅうにじよんじゅうろっぷん

はなしましょう

できますか？

タン：すみません。この ちかくに バスていは ありますか。
おんなの ひと：はい、ありますよ。
おんなの ひと：あそこに びょういんが ありますね。
タン：はい。
おんなの ひと：バスていは あの びょういんの うしろですよ。
タン：そうですか。ありがとうございます。

●これも できますか？

A：すみません。おおさかえきへ いきたいです。なんばんの バスですか。
えきいん：おおさかえきですか。
A：はい。
えきいん：3ばんですよ。
A：そうですか。ありがとうございます。
A：あのう、つぎの バスは なんじに きますか。
B：えっと、9じ 20ぷんですよ。
A：9じ 20ぷんですね。ありがとうございます。
B：いいえ。
A：すみません。この バスは おおさかえきへ いきますか。
うんてんしゅ：はい、いきますよ。

Lesson3 3

れんしゅうもんだい

1 ①じゅうよじかん／くじかん／よんじゅっぷん（かん）／よじかんごじゅっぷん
　②から／まで どれぐらい かかります／30ぷんぐらい
　③どれぐらい かかります／5じかんはんぐらい／12じかんぐらい
2 ①1) こうえん　2) スーパー
　　3) ぎんこう　4) ゆうびんきょく
　②どこに います／に います／に います
　③います／まえ
　④いません／います

はなしましょう

●できますか？

サラ：すみません。しんじゅくまで いくらですか。
えきいん：200円です。
サラ：そうですか。
サラ：ここから しんじゅくまで どれぐらい かかりますか。
えきいん：20ぷんぐらいです。
サラ：なんばんせんですか。
えきいん：2ばんせんです。
サラ：わかりました。ありがとうございます。
サラ：はい。もしもし。
リ：もしもし。サラさん、いま どこに いますか。
サラ：しながわえきに います。これから

5

でんしゃに のります。
●これも できますか？
　A：すみません。この バスは さくらまち
　　へ いきますか。
　B：はい、いきますよ。
　A：そうですか。
　A：ここから さくらまちまで いくらです
　　か。
　B：210円です。
　A：どれぐらい かかりますか。
　B：30ぷんぐらいです。
　A：わかりました。ありがとうございま
　　す。
　B：いいえ。

よみましょう

1 ①7じ 36ぷん　　22ばんせん
　②7じ 30ぷん　　20ばんせん
2 ①8じ 10ぷん　　23ばんせん
　②7じ 44ぷん　　23ばんせん

Lesson4 1

れんしゅうもんだい

1 ②なにを します／かいものします／<u>は う
　ちで べんきょうします</u>
　④ごご／みます
2 ②げつようびから きんようびまで
　③はつかから 25にちまで
3 ②で べんきょうします／<u>うちで テレビを
　みます</u>

はなしましょう　 068-069

●できますか？
　リ：おはようございます。
　なかむら：おはようございます。
　なかむら：リさん、いつも はやいですね。

　　なんじに かいしゃへ きますか。
　リ：7じです。
　なかむら：へえ、7じ！
　リ：はい。7じから 8じまで にほんごを
　　べんきょうします。その あと、あさ
　　ごはんを たべます。
　なかむら：そうですか。
　なかむら：じゃあ、また あとで。
　リ：はい。
●じゆうに はなしましょう
　A：やすみの ひは なにを しますか。
　B：わたしは うちで テレビを みます。A
　　さんは？
　A：わたしは かいものに いきます。
　B：そうですか。

Lesson4 2

れんしゅうもんだい

1 ①たべませんでした／ききました／とり
　ませんでした／さんぽしました／しま
　せんでした／（ひとが）きました／ね
　ませんでした／はなしました
　②しました／しました／で べんきょうし
　ました／でんわしました
　③いきました／で／しました／しません
　でした
2 ②だれが
　③だれが／が いいました
3 ②わたしの／わたしの／の

はなしましょう　 074-075

●できますか？
　キム：あ、これ、だれの しゃしんですか。
　タン：わたしのです。
　キム：だれが とりましたか。
　タン：わたしが とりました。いつも やす

みの ひに しゃしんを とります。

タン：キムさんは、やすみの ひ、なにを
　　　しますか。

キム：わたしは ほんを よみます。

タン：そうですか。

●**じゆうに はなしましょう**

　Ａ：せんしゅうの にちようびは なにを し
　　　ました か。

　Ｂ：ろっぽんぎで えいがを みました。Ａ
　　　さんは？

　Ａ：わたしは そうじと せんたくを しまし
　　　た。

　Ｂ：そうですか。

Lesson4 3

れんしゅうもんだい

1 ②あらいます／おさらを ふきます
　③を しめます／を けします
　④アニメ／でんしゃの はなしを します
2 ②どこに ありますか／よこ・みぎ
　③どこに ありますか／の なか
　④の みぎ／の うえ

はなしましょう 🔊079-080

●**できますか？**

　ラマ：これ、どうぞ。ネパールの カレー
　　　　です。わたしが つくりました。

　タン：え、ラマさんが？

　ラマ：はい、いつも わたしが つくりま
　　　　す。

　タン：そうですか。

　ラマ：こんどの どようび ともだちと カ
　　　　レーを つくります。タンさんも
　　　　いっしょに どうですか。

　タン：はい。

　タン：ラマさん、やさいを きりますね。

　ラマ：おねがいします。わたしは にくを
　　　　きります。

　タン：ほうちょうは どこに ありますか。

　ラマ：その はこの なかに あります。

　タン：はい。

●**これも できますか？**

　Ａ：わたしは そうじを しますね。

　Ｂ：おねがいします。わたしは おさらを
　　　あらいます。

　Ａ：ごみぶくろは どこに ありますか。

　Ｂ：その ひきだしの なかに あります。

　Ａ：わかりました。

よみましょう

1 エレナさん
2 らいしゅうの どようび
3 サリさんに メールします。たべたいもの
　を いいます。

Lesson5 1

れんしゅうもんだい

1 ①いきませんか／いきましょう／みませ
　んか／みましょう／さんぽしませんか
　／さんぽしましょう
　②とりませんか／とりましょう
　③いきませんか
2 ①とりに いきます／たべに いきます／べ
　んきょうしに いきます
　②みに いきませんか／みに いき・いき
　③むかえに いきます／しに いきます
3 ①か
　②か
　③なにか

7

はなしましょう

●できますか？

ラマ：おなかが すきましたね。なにか たべに いきませんか。

キム・タン：そうですね。いきましょう。

てんいん：いらっしゃいませ。なんめい さまですか。

タン：3にんです。

てんいん：きんえんせきと きつえんせき が ありますが。

キム：きんえんせき、おねがいします。

てんいん：では、こちらへ どうぞ。

●これも できますか？

A：あついですね。

B：なにか のみに いきませんか。

A・C・D：そうですね。いきましょう。

てんいん：いらっしゃいませ。なんめい さまですか。

C：4にんです。

D：きんえんせき、おねがいします。

てんいん：はい。では、こちらへ どうぞ。

Lesson5 2

れんしゅうもんだい

1 ②に します／に します
　③に しますか／しろいの に します
2 ①なんですか
　②なんですか／の

はなしましょう

●できますか？

マリー：わあ、いろいろ ありますね。どれに しますか。

タン：わたしは スパゲッティーに します。それと コーヒー。マリーさんは？

マリー：そうですねえ…。

マリー：すみません。「きょうの ランチ」は なんですか。

てんいん：しょうしょう おまちください。

てんいん：こちらです。

マリー：わあ、これ、なんですか。

てんいん：とうふハンバーグです。

マリー：じゃあ、これに します。コーヒーも おねがいします。

タン：わたしは これと コーヒー、ください。

てんいん：はい。「きょうの ランチ」ひとつ、スパゲッティー ひとつ、コーヒー ふたつですね。

マリー・タン：はい。

てんいん：かしこまりました。

●じゆうに はなしましょう

A：わあ、いろいろ ありますね。Bさん、どれに しますか。

B：そうですねえ…。わたしは サンドイッチに します。それと こうちゃ。Aさんは？

A：わたしは アイスクリームと コーヒーに します。

B：すみません。

てんいん：はい。

A：これと これ、おねがいします。

B：わたしは これと こうちゃ、ください。

てんいん：はい。サンドイッチ ひとつ、アイスクリーム ひとつ、コーヒー ひとつ、こうちゃ ひとつですね。

A・B：はい。

てんいん：かしこまりました。

Lesson5 3

れんしゅうもんだい

1 ①にがくないです／からくないです／

すっぱくないです
②にがい
③からいです／からくないです
2 ①でも／あまくないです
②ありません
③でませんでした
3 ①が ほしいです／が ほしいです
②ほしいです／あたらしい くつが ほしいです

はなしましょう

●できますか？
サラ：すみません。おはし、とって ください。
なかむら：はい、どうぞ。
サラ：いただきます。
なかむら：いただきます。
サラ：あ、ちょっと にがい！ でも、おいしい。これは なんですか。
なかむら：「ふきのとう」ですよ。
サラ：へえ。
サラ：おちゃが ほしいです。
なかむら：すみません。おちゃ、2つ ください。

●これも できますか？
A：すみません。おさら、とって ください。
B：はい、どうぞ。
A：これは なんですか？
B：「たらこ」です。
B：どうですか。
A：おいしいです。でも、しおからいです。
A：みずが ほしいです。
B：はい、どうぞ。

よみましょう

1 ハンバーガーを ふたつと、ビタミン・バーガーを ひとつと、アイスクリームを ひとつと、コーヒーを ひとつと、ジュースを ひとつ かいます。
2 1,200 えん

Lesson6 ①

れんしゅうもんだい

1 ①あつくないです／わるいです／すくなくないです／たのしくないです／いいです／とおいです／おおくないです／あたらしいです
2 ②から
③したいです
④きます
3 ①なにも ありません
②か／も
③なに／なに／たべませんでした
④かいませんでした
⑤だれも いません

はなしましょう

●できますか？
サラ：れんきゅうは なにを しますか。
いのうえ：ながのへ 行きます。ながので やまに のぼります。
サラ：ながの？ ながのは とおいですか。
いのうえ：あまり とおくないです。しんかんせんで 1じかんはんぐらいですよ。
サラ：そうですか。
いのうえ：サラさんは どこか 行きますか。
サラ：いいえ、どこも 行きません。
サラ：なかむらさんに 日本の ドラマの

　　　　　DVDを かりましたから、それを
　　　　　見ます。
　　いのうえ：そうですか。
●じゆうに はなしましょう
　　Ａ：こんどの 日よう日は なにをします
　　　　か。
　　Ｂ：ともだちと いけぶくろへ 行きます。
　　　　かいものを します。Ａさんは どこか
　　　　行きますか。
　　Ａ：いいえ、どこも 行きません。うちで
　　　　べんきょうします。げつよう日、テス
　　　　トが ありますから。
　　Ｂ：そうですか。

Lesson6 2

れんしゅうもんだい

2 ②どんな／しかくい／たいせつな
　③タイの プーケット／プーケット／どん
　　な／ゆうめいな ところです。うみが き
　　れいです。
3 ①べんりじゃ ありません・べんりじゃ な
　　いです／かんたんです／たいへんじゃ
　　ありません・たいへんじゃ ないです／
　　きらいじゃ ありません・きらいじゃ な
　　いです／じょうずじゃ ありません・
　　じょうずじゃ ないです／へんです／し
　　んせつじゃ ありません・しんせつじゃ
　　ないです／ゆうめいです
　②きれいじゃ ありません・きれいじゃ な
　　いです
4 ①よくないです

はなしましょう

●できますか？
　　リ：なかむらさん、らいしゅう、なごやへ
　　　　しゅっちょうします。なごやは どん
　　　　な ところですか。
　　なかむら：にぎやかな ところです。おし
　　　　ろが あります。
　　リ：そうですか。
　　なかむら：しゃしんが ありますよ。
　　リ：あ、これは ゆうめいな おしろです
　　　　ね。
　　なかむら：「なごやじょう」です。
　　リ：わあ、それ、きれいな たてものです
　　　　ね。
　　なかむら：ええ。びじゅつかんです。あ
　　　　まり ゆうめいじゃ ありません。でも
　　　　とても きれいです。
　　リ：いいですね。
　　なかむら：おいしい たべものも いろいろ
　　　　ありますよ。みそかつが にんきがあ
　　　　ります。
　　リ：そうですか。たべたいです。
●これも できますか？
　　Ａ：わあ、どこですか。
　　Ｂ：かなざわです。
　　Ｂ：ゆうめいな にわが あります。それ
　　　　に、うみが ちかいですから、さかな
　　　　が おいしいです。
　　Ａ：いいですね。
　　Ａ：とおいですか。
　　Ｂ：そうですね。でも、しんかんせんが
　　　　ありますから、たいへんじゃ ないで
　　　　すよ。
　　Ａ：そうですか。
　　Ｂ：これ、かなざわえきですよ。
　　Ａ：へえ。きれいな えきですね。
　　Ｂ：そうですね。

Lesson6 3

れんしゅうもんだい

1 ①あつくないです／あつかったです／おいしいです／おいしかったです／おいしくなかったです／いそがしいです／いそがしくないです／いそがしくなかったです／よくないです／よかったです／よくなかったです

②よかったです／よかったです

③たのしかったです／たのしかったです／あつかったです

2 ①げんきでした／ひまです／ひまじゃ ありません・ひまじゃ ないです／ひまじゃ ありませんでした・ひまじゃ なかったです／きれいじゃ ありません・きれいじゃ ないです／きれいでした／きれいじゃ ありませんでした・きれいじゃ なかったです／がくせいじゃ ありません・がくせいじゃ ないです／がくせいでした／がくせいじゃ ありませんでした・がくせいじゃ なかったです

②でした／きれいでした

③しごとでした

3 ①どうですか

②たいへんです

③たのしかったです／にぎやかでした／おもしろくなかったです

④おいしくなかったです

はなしましょう　🔊 114-115

●できますか？

リ：なかむらさん、ほっかいどうは どうでしたか。

なかむら：たのしかったです。

リ：そうですか。よかったですね。

なかむら：でも、とても さむかったです。

リ：そうですか。

リ：しゃしんを とりましたか。

なかむら：はい。ゆきまつりの しゃしんを たくさん とりました。

リ：わあ、大きいですね。

なかむら：ええ。とても きれいでした。

なかむら：これ、おみやげです。どうぞ。

リ：わあ、ありがとうございます。

●じゆうに はなしましょう

Ａ：Ｂさん、しゅうまつは なにを しましたか。

Ｂ：はこねへ 行きました。

Ａ：へえ、どうでしたか。

Ｂ：たのしかったです。やまが きれいでした。でも、うんてんが たいへんでした。

Ａ：そうですか。

Ｂ：これ、おみやげです。どうぞ。

Ａ：わあ、ありがとうございます。

よみましょう

1 いえ → はこねゆもと → やまの うえ → はこねゆもと・おんせん → いえ

2 りょこうあんないしょへ 行きました。ケーブルカーに のりました。おんせんに 入りました。

Lesson7 1

れんしゅうもんだい

1 ①1 のむ／1 ある／1 はなす／

2 ねる／2 いる／

3 せつめいする／

3 (がっこうへ) くる

③よむ／よむ

④かえる／かえる

⑤ある／ある

2 ②行く／キャンプに 行く

はなしましょう 120-121

●できますか?

あおき：キムさん、日よう日、なにを します か。
キム：マリーさんと かいものします。
キム：先生は?
あおき：うちで ケーキを つくります。
キム：いいですね。
キム：タンさん、日よう日、なに する?
タン：ぼくは ラマさんと いっしょに ジョギングする。
キム：いいね。
タン：キムさんは?
キム：わたしは マリーさんと かいものする。
タン：かいもの! いいね。

●これも できますか?

先生：Aさん、なつ休み、なにを します か。
A：国へ かえります。
先生：そうですか。いいですね。
A：先生は?
先生：ニューヨークへ 行きます。ミュージカルを 見ます。
A：わあ、いいですね。
A：Bさん、なつ休み、なに する?
B：友だちと うみへ およぎに 行くよ。
A：いいね。
B：Aさんは?
A：わたしは 国へ かえる。
B：ああ、いいね。

Lesson7 2

れんしゅうもんだい

1 ①1 いかない／1 はなさない／
1 よばない／1 ない／
1 かわない／2 みない／
2 あけない／2 あびない／
2 かりない／3 さんぽしない／
3 (がっこうへ) こない
②来る／来る／来ない
③さんぽする／しない／する／よむ
④ある／ない／ない
2 ①行かない／行く
②たべない
3 ①どうして／あるから
②どうして／するから

はなしましょう

●できますか?

あおき：あしたは はなび大会ですね。キムさんは 行きますか。
キム：はい、行きます。
キム：先生は?
あおき：わたしは ははと 行きます。
キム：あ、それは いいですね。
キム：はなび大会、行く?
タン：うん、行く。
ラマ：ぼくは 行かない。
タン：え、どうして?
ラマ：サッカーの しあいを 見に 行くから。
タン：そう。

●じゆうに はなしましょう

① A：こんばん、のみ会ですね。行きますか。
B：はい、行きます。Cさんは?
C：あ、わたしは ちょっと。

Ａ：え、どうしてですか。

Ｃ：よていが あります。すみません。

Ｂ：そうですか。じゃあ また こんど。

② Ａ：土よう日、こうりゅう会が ある
　　ね。行く？

　　Ｂ：うん、行く。Ｃさんも 行く？

　　Ｃ：ぼくは 行かない。

　　Ａ：え、どうして？

　　Ｃ：うちで テレビを 見るから。

　　Ｂ：え～！

Lesson7 3

れんしゅうもんだい

1 ②さむい／さむい

　③とおい／とおくない／ちかい

　④いい／よくない／かたい

2 ②きれい／きれい／きれいじゃ ない

　③ひま／ひまだ／行かない／いい／行き
　　たい

　④たいへん／たいへん／たのしい／
　　しんせつ／よかった

3 ①休み／しごと・しごとだ／しごと

　②日本人／日本人じゃ ない／ブラジル人
　　／じょうず

4 ①いつ

　②どこ

はなしましょう　🔊134-135

●できますか？

マリー：これ、なに？

キム：わからない。なにかなあ。

キム：すみません。これ、なんですか。

てんいん：それは いくらです。

キム：いくら？

てんいん：はい、さかなの たまごです。
　　　　　おいしいですよ。

マリー：わあ、おいしい！ もう ひとつ た
　　　　べたい！

キム：あれ、これは ちがう。へんだなあ。

マリー：わたしのは へんじゃ ないよ。

てんいん：あ、それは すじこです。それ
　　　　　も おいしいですよ。どうぞ。

キム：あ、ほんとうだ。おいしい。

●これも できますか？

Ａ：スポーツセンター、どこ？

Ｂ：わからない。どこかなあ。

Ａ：すみません。スポーツセンター、ど
　　こですか。

Ｃ：ここです。さくらこうえんの なかで
　　すよ。

Ａ・Ｂ：ありがとうございます。

Ａ：あれ、スポーツセンターじゃ ない。
　　へんだなあ。

Ｂ：ここじゃ ないよ。となりだよ。

Ａ：あ、ほんとうだ。よかった！

よみましょう

1 ○　2 ×　3 ×

Lesson8 1

れんしゅうもんだい

1 ①1　かいた／2　みた／1　あった／
　　1　たった／1　はなした／
　　2　あけた／3　（日本へ）きた

　②来ない／うん／来た

　③かかなかった／みなかった／あわな
　　かった／なかった／はなさなかった／
　　あけなかった／（日本へ）こなかった

　④なかった

　⑤おわった／うん、おわった

　⑥とった／ううん、とらなかった

　⑦何 した／あそびに 行った／どこも 行

かなかった／友だちと しょくじした

はなしましょう 🔊 139-140

●できますか?

ラマ：おはよう。土よう日、カラオケ
　　　行った?

マリー：うん、行った。

ラマ：どうだった?

キム：たのしかった。たくさん うたった
　　　よ。

ラマ：そう。

ラマ：タンさんも 行った?

タン：ううん、行かなかった。友だちと
　　　ゲームしたよ。

ラマ：そう。

タン：ラマさんは?

ラマ：アルバイト。いそがしかった。

マリー：たいへんだったね。

●じゆうに はなしましょう

A：おはよう。土よう日、何 した?

B：みどりこうえんに さくらを 見に 行っ
　　たよ。

A：そう! どうだった?

B：きれいだった! しゃしんを たくさん
　　とったよ。

A：へえ、いいね。

B：Cさんは?

C：わたしは 友だちと あきはばらへ
　　行った。あたらしい けいたいを かっ
　　たよ。

B：わあ、いいなあ!

C：Aさんは?

A：どこも 行かなかった。うちで DVD
　　を 見たよ。おもしろかった。

C：そう。

Lesson8 2

れんしゅうもんだい

1 ①むずかしかった／むずかしくなかった
　　／あたたかかった／あたたかくなかっ
　　た／すずしかった／すずしくなかった
　　／よかった／よくなかった

　②した／行った／たのしかった／かわい
　　かった

　③見た／見た／どうだった／おもしろく
　　なかった

2 ①たいへんだった／たいへんじゃ なかっ
　　た／ひまだった／ひまじゃ なかった／
　　にぎやかだった／にぎやかじゃ なかっ
　　た

　②じゃ なかった

3 やすみだった／やすみじゃ なかった／ゆ
　うめいな ひとだった／ゆうめいな ひと
　じゃ なかった／いい アルバイトだった／
　いい アルバイトじゃ なかった

　①いつだった／金よう日だった／どう
　　だった／1いだった

　②ゲームだった／おもしろい ゲームじゃ
　　なかった

4 ①する／しない／した／しなかった／さ
　　むい／さむくない／さむかった／さむ
　　くなかった／ゆうめいだ／ゆうめい
　　じゃ ない／ゆうめいだった／ゆうめい
　　じゃ なかった／こどもだ／こどもじゃ
　　ない／こどもだった／こどもじゃ な
　　かった

　②休みだった／アルバイトだった／いそ
　　がしくなかった／休み／ひま

はなしましょう 🔊 146-147

●できますか?

タン：きのう、マリーさんは アルバイト

だった?
マリー：ううん。休みだった。
マリー：でも、あつかったから どこも 行かなかった。
タン：ぼくは 友だちと うみへ 行ったよ。
マリー：うみ！ いいね。どうだった?
タン：人が おおかった。にぎやかだったよ。
マリー：そう。わたしは うちで DVD を 見たよ。
タン：それも いいね。

●じゆうに はなしましょう
A：しゅうまつ、何 した?
B：友だちの いえへ あそびに 行った。あたらしい ゲームしたよ。
A：へえ、どうだった?
B：おもしろくなかった。
A：そう。

よみましょう

1 さくらを 見ました。どうぶつえんへ 行きました。
2 ジョンさんの 国の どうぶつが 日本の ふるい まちに いたからです。

Lesson9 1

れんしゅうもんだい

1 ①中に はいらないで ください／外へ でないで ください／でんわしないで ください／ドアを あけないで ください／ここへ こないで ください
②食べないで
③わすれないで
④なくさないで ください
⑤まちがえないで ください
2 ①1 かいて／1 いそいで／
1 はなして／1 たって／
1 かえって／1 よんで／
3 (がっこうへ) きて／1 やすんで／
1 いって／3 して／
1 いって／1 あるいて／1 (本を) おいて
②のんで ください／あるいて ください／食べて ください／びょういんへ 来て ください
③はらって ください
④来て ください
⑤よんで ください／まって ください
3 ①までに
②までに
③までに

はなしましょう

●できますか?
かんりにん：あ、そこに じてんしゃを おかないで ください。
シン：はい。
かんりにん：ここに おいて ください。
シン：はい、わかりました。
シン：あのう、あさごはんは 何時からですか。
かんりにん：これを 見て ください。6時からです。8時までに 食べて くださいね。
シン：はい。
シン：せんたくは ごご 10時までですね。
かんりにん：そうです。よる、ロビーで 大きい こえで 話さないで くださいね。
シン：はい、わかりました。

●じゆうに はなしましょう
① びじゅつかんの 人：あ、しゃしんを とらないで ください。
A：あ、すみません。

びじゅつかんの 人：あ、そこで 食
べないで ください。

B：はい。

びじゅつかんの 人：これを 見て く
ださい。

A・B：はい。

② てんいん：あ、ここで たばこを すわ
ないで※ ください。

A：あ、すみません。

てんいん：あの、すみません。ここ
で べんきょうしないで くだ
さ
い。

B：はい。

てんいん：すみません。おきて くだ
さい。

C：はい…。

※たばこを すいます　smoke

Lesson9 2

れんしゅうもんだい

1 ①あけては いけません／いっては いけま
せん／はなしては いけません／いって
は いけません／やすんでは いけませ
ん

②わたっては いけません／車を うんてん
しては いけません

③となりの 人の テスト を 見

④すっては いけません／話しては いけま
せん／はしっては いけません

2 ①みても いいです／かりても いいです
／かえっても いいです／（電話を）し
ても いいです／いっても いいです

②話し／話しては いけません

③コピーしても いいですか／コピーして
も いいです・いいです

④とめても いいですか／とめても いいで

す・いいです

⑤かえっても いいです

⑥あけても いいです

3 ①で／で 話して ください

②で／で／ナイフと フォークで

はなしましょう　◀159-160

●できますか？

ジムの 人：ここに 名前と 住所と 生年
月日と 電話番号を 書いて くださ
い。

ラマ：はい。

ジムの 人：あ、ペンで 書いて ください。

ラマ：はい。

ラマ：すみません。かんじが むずかしい
です。ひらがなで 書いても いいで
すか。

ジムの 人：はい、いいですよ。

●これも できますか？

先生：みなさん、あしたは 9時に しゅっ
ぱつします※。8時45分までに 学
校に 来て ください。

A・B・C：はい。

先生：やまの 上は さむいですから、セー
ターを もって きて ください。おべ
んとうも もって きて ください。

A・B・C：はい。

B：先生、ひるごはんは レストランで
食べても いいですか。

先生：やまの 上に レストランは ありませ
ん。おべんとうを もって きて※ くだ
さい。

B：はい。

※しゅっぱつします　depart
※もって きます　　　bring

Lesson9 3

れんしゅうもんだい

1 ③でんわして います
　④かたづけて います／まって います
　⑤して います／見て います
2 ②もう／まだ／まだ
　③もう／もう

はなしましょう

●できますか？

あおき：では、じゅぎょうを はじめます。すわって ください。
タン：先生、ラマさんが アニメを 見て います。
あおき：ラマさん、もう じゅぎょうですよ。アニメ、見ないで ください。
タン：先生、マリーさんと キムさんが 話して います。
あおき：マリーさん、キムさん、話さないで ください。
タン：先生、ラマさんが まだ 見て います。
あおき：ラマさん、だめですよ。

●じゆうに はなしましょう

A：Cさん、いますか。
B：はい、Cさんですね。ちょっと まって ください。
B：Cさんは 今、ねて います。
A：ああ、そうですか。じゃあ また 来ます。ありがとうございました。

よみましょう

1 おうだんほどう
2 びじゅつかん
3 えきの ホーム
4 おんせん・せんとう
5 パンや・ドーナッツや

Lesson10 1

れんしゅうもんだい

1 ①かぶって／はいて／かけて／して
　1）ブーツを はい・マフラーを し・コートを き・めがねを かけ
　2）ぼうしを かぶって います
　3）ネックレスを して います・スカートを はいて います
　4）きものを きて います
　5）スーツを きて います・ネクタイを して います
　③きて いる／ジュースを のんで いる
　④ぼうしを かぶって いる／話して いる

はなしましょう

●できますか？

アティ：シンさん、あの人、だれですか。
シン：え？ どの 人ですか。
アティ：くろと グレーの ネクタイを して いる 人です。
シン：ああ、あの めがねを かけて いる 人ですか？
アティ：いいえ、その となりの 人です。サラさんと 話して いる 人です。
シン：あ、あの 人は リさんです。
アティ：そうですか。
アティ：シンさん、しょうかいして ください。
シン：いいですよ。
シン：リさん、しょうかいします。こちら、アティさんです。
アティ：はじめまして。
リ：はじめまして。リです。

●これも できますか?

A：この ノート、Bさんの?

B：ううん、わたしのじゃ ないよ。

A：あ、名前が ある。

B：リンさんのだね。

A：リンさん? どの人?

B：あの めがねを かけて いる 人。

A：ああ、グレーの ズボンを はいて いる 人?

B：ううん、その うしろの 人。白い シャツを きて いる 人。

A：わかった。

A：あのう、リンさん、この ノート、わすれて いますよ。

リン：ああ、ありがとう。

Lesson10 2

れんしゅうもんだい

1 ①1）いけぶくろ／住んで います

　2）りょうしん／かんこくの ソウル／住んで います

②に 住んで います／よこはまに 住んで います／ちばに 住んで います

④えいごを おしえて います

⑤アルバイトを して います・して います／5時から 10時まで はたらいて います

⑥ぼうえきがいしゃ／ほんやくを し※

　　※ほんやくを します／translate

⑦して います／どくしんです／も どくしんです・は けっこんして います

2 ①はやくて／かわいくて／やすくて／よくて／べんりで／ひまで／まじめで／にぎやかで

②きれいで、ケーキが おいしいです

③ひろくて、しずかです

④きれいで、しんせつ

⑤みせが おおくて、にぎやかです／が 住んで いる ところは いえが すくなくて、しずかです

はなしましょう　　🔊176-177

●できますか?

アティ：サラさん、これ、だれですか。

サラ：あ!

アティ：こいびとですか。

サラ：あ、はい。

アティ：へえ〜! イケメンですね!

サラ：ええ。かれは やさしくて、まじめな 人です。

サラ：パリに 住んで います。

アティ：パリですか! とおいですね。

アティ：おしごとは?

サラ：ぎんこうで はたらいて います。

アティ：そうですか。

●じゆうに はなしましょう

A：これが わたしの かぞくです。これが 父と 母です。父と 母は インドネシアの バンドンに すんで います。父は じどうしゃの 会社で はたらいて います。まじめで やさしいです。母は 大学で えいごを おしえて います。りょうりが じょうずです。ねこの 名前は メオンです。1さいです。白くて、かわいいです。

Lesson10 3

れんしゅうもんだい

1 ②からい りょうり／が ゆうめいです／あまい デザートが ゆうめいです

2 ②高いです／べんりです

3 ②りょうり／おいしい／ちょっと あまい

はなしましょう 🔊 182-183

●できますか？

サラ：あ、これは インドネシアの しゃしんですか。

アティ：はい。ジャカルタです。わたしの まちです。

サラ：へえ。大きい まちですね。

アティ：ええ。ジャカルタは 人口が おおいです。

サラ：これも ジャカルタですか。

アティ：はい。車と バイクが おおいです。

サラ：そうですね。

アティ：まちは すこし うるさいですが、すんで いる 人は とても やさしいです。わたしは いい まちだと おもいます。

アティ：食べものも おいしいですよ。ぜひ 来て ください。

サラ：いいですね。行きたいな。

●じゆうに はなしましょう

Ａ：これ、わたしの まちに ある はしです。

Ｂ：あ、ゴールデンゲートブリッジですね。きれいですね。

Ａ：はい。わたしの まちは サンフランシスコです。アメリカの にしに あります。

Ｂ：そうですか。

Ａ：うみが ちかいですから、さかなの りょうりが たくさん あります。おいしいですよ。

Ｂ：いいですね。

Ａ：ぶっか※が すこし 高いですが、きれいな まちです。ぜひ あそびに 来てください。

Ｂ：はい、行きたいです。

※ぶっか　prices

よみましょう

Ａさん：りょうりにん・りょうりを つくる しごと

Ｂさん：ピアニスト

Lesson11 ①

れんしゅうもんだい

1 ②に あげます／に あげます
　③こいびとに もらいました
　④に もらいました／Ｄさんに もらいました
2 ②あげ／おさけを のむ グラス／とけい
3 ②行った／つくりました
　③来た／のぼりました
4 ①テニス／バレーボール
　②天ぷらとか／すしとか

はなしましょう 🔊 189-190

●できますか？

アティ：サラさんが、らいしゅう たんじょう日だと 言って いました。

シン：わたしも 聞きました。

アティ：何か おいわいを あげたいですね。

シン：ええ。何を あげましょうか。

アティ：そうですねえ…。

アティ：サラさんは おんがくが すきですから、コンサートの チケットとか、ＣＤ とかは どうですか。

シン：いいですね。

シン：あ、でも、何が ほしいか、サラさんに 聞いて みませんか。

アティ：そうですね。

アティ・シン：サラさん、おたんじょう日 おめでとうございます！

サラ：ありがとうございます！ コンサート、たのしみです！

●**じゆうに はなしましょう**

A：Bさん、来月 Cさんの たんじょう日だよ。

B：そうだね。何か プレゼント あげたいね。

A：うん。何に する？

B：Cさんは まいしゅう ジョギングを するから、スポーツタオルは どう？

A：いいね。

A・B：Cさん、おたんじょう日 おめでとう！ これ、私たちからの プレゼント。

C：え！ ありがとう！

Lesson11 2

れんしゅうもんだい

1 ①（しゃしんを）とって もらいます／かして もらいます／むかえに きて もらいます

②つれて いって もらいました

③てつだって もらいました

④なおして もらいました

⑤かし

⑥来て もらいました

⑦せんぱいに たすけて もらいました・友だちに てつだって もらいました

2 ②かえる とき／せんすを かいました

③来る とき／もらいました

④かいます

はなしましょう 🔊 194-195

●**できますか？**

あおき：わあ、スレスタさん！ すてきなシャツですね。

スレスタ：ありがとうございます。

スレスタ：そぼに つくって もらいました。

あおき：え、おばあさんに！

スレスタ：はい。日本に 来る とき、これと この ぼうしを つくって もらいました。

あおき：ぼうしも！ いいですね。

あおき：おばあさん、おじょうずですね。とても にあって いますよ。

スレスタ：ありがとうございます。

●**じゆうに はなしましょう**

A：わあ、Bさん、すてきな うでどけい※だね。

B：ありがとう。日本に 来る とき、父にもらった とけいだよ。

A：へえ、いいね。

B：Aさんの ネックレスも すてきだね。

A：ありがとう。これ、友だちに つくって もらった。

B：へえ、じょうずだね。かわいい。

※うでどけい　wrist watch

Lesson11 3

れんしゅうもんだい

1 ②かしましょうか

2 ②てつだって あげて ください

③おしえて あげて ください

④もって あげて ください

3 ②かして いただいて

③おくって いただいて

4 ①い

②ふらなくて

③あるいて

はなしましょう 🔊 201-202

●できますか？

シン：なかむらさん、もちましょうか。

なかむら：いいえ、わたしは だいじょうぶです。

なかむら：アティさんを てつだって あげて ください。

シン：わかりました。

シン：アティさん、てつだいましょうか。

アティ：え、いいんですか。すみません。ありがとうございます。

アティ：みなさん、てつだって いただいて、ありがとうございました。

シン：いえいえ。

なかむら：にもつが たくさん あって、たいへんでしたね。

●じゅうに はなしましょう

B・C：Aさん、てつだいましょうか。

A：あ、わたしは だいじょうぶです。Dさんを てつだって あげて ください。

B・C：はい。

B：Dさん、パソコンと プロジェクター※、かたづけましょうか。

D：ありがとうございます。おねがいします。

C：わたしは ホワイトボードを けしますね。

D：ありがとうございます。

D：Bさん、Cさん、てつだって いただいて、ありがとうございました。

B・C：いえいえ。

※プロジェクター　projector

よみましょう

1 うんてんしゅが この 大学生の 言った ことが わからなかったから。

2 こまって いる 人を 見た とき。

Lesson12 ①

れんしゅうもんだい

1 ①よていが あるんですが／メールを よんだんですが／今 いそがしいんですが／国へ かえりたいんですが／ミーティングを するんですが／時間が ないんですが／テレビを みて いるんですが／もう 9時なんですが

②行きたい／よんで ください

③買った／とりかえて ください

④しゅっぱつの 時間な／まって ください

2 ②コピーきの つかい方

③きものの き方

④かぎの あけ方

3 ①ゆでて／バターを つけて

②１００円を 入れて／ドアを しめて／かぎを 左に まわす

③に おきて／シャワーを あび／朝ごはんを 食べて、学校へ 行きます

はなしましょう 207-208

●できますか？

タン：先生、わたし、来月 帰国します。あねが けっこんするんです。

あおき：そうですか。おめでとうございます。けっせきとどけを 書きましたか。

タン：けっせきとどけですか？

あおき：はい、この かみに 書いて じむしょに 出すんです。

タン：わかりました。

タン：すみません。けっせきとどけを 出したいんですが、書き方を おしえて ください。

はやし：はい。この かみに、休む 日と 理由を 書いて、出して ください。

21

タン：はい。
タン：すみません。書いたんですが、これで いいですか。見て ください。
はやし：はい、いいですよ。

● これも できますか？
A：JLPTの もうしこみ方、わかる？
B：うん。ウェブ？ ゆうびん？
A：ウェブが いい。
B：JLPTの ウェブサイトで「My JLPT」の IDを とるんだよ。
A：そう。
A：むずかしい？
B：ううん。
A：ゆうびんは？
B：ほんやで もうしこみしょを 買って、もうしこみしょに 住所と 名前を 書いて、ゆうびんで おくる※んだよ。
A：ふうん。じゃあ、ウェブに するよ。ありがとう。
B：ううん。

※ゆうびんで おくります　send by mail

Lesson12 2

れんしゅうもんだい

1 ②わからない／ちずを 書いて いただけませんか
　③時間が ない／あしたに して いただけませんか
　④テストなんですが／かわって いただけませんか
2 ②帰る まえに
　③まえに
　④のる まえに
3 ②のんで みても
　③はいて みて
　④つかって みて

はなしましょう 213-214

● できますか？
マリー：先生、すみません。ちょっと おねがいが あるんですが。
あおき：はい。何ですか。
マリー：ガス会社から おしらせが 来たんですが、読んで いただけませんか。
あおき：はい、いいですよ。
あおき：ガスの こうじが ありますから、ここに 電話を して ください。
マリー：え、電話！ むりです。先生、電話を して いただけませんか。
あおき：だいじょうぶですよ。電話する まえに、れんしゅうしましょう。
マリー：わかりました。やって みます。

● これも できますか？
A：Bさん、すみません。ちょっと おねがいが あるんですが。
B：はい、何ですか。
A：らいしゅう、国から 友だちが 来るんですが、アルバイトを かわって いただけませんか。
B：いつですか。
A：らいしゅうの 金よう日です。
B：ああ、いいですよ。
B：じゃあ、てんちょうに 言って くださいね。
A：はい。
A：あのう、てんちょうに 言う まえに、言い方を おしえて いただけませんか。
B：いいですよ。
A：ありがとうございます。

Lesson12 ③

れんしゅうもんだい

1 ③見て／とって
④まって／わすれないで
3 ③見る／きて いる／出て いる／けっこ
んした
④べんきょうする／出た
⑤うって いる

はなしましょう 🔊222-224

●できますか？

マリー：ラマさん、ボールペン、かして。
ラマ：いいよ。
マリー：あ！
マリー：ラマさん、おねがいが あるんだ
けど。
ラマ：何？
マリー：また ボールペン、かして くれな
い？
ラマ：あれ、きのう かした ペンは？
マリー：いえに ある。
ラマ：ええ！
ラマ：はい、これ。
マリー：ありがとう。
ラマ：きのうのも、これも、ちゃんと か
えしてね。
マリー：うん、かえす。ごめんね。

●これも できますか？

① A：ねえ、おねがいが あるんだけど。
B：何？
A：さいふを うちに わすれたから、
ちょっと お金 かして くれな
い？
B：え、さいふ わすれたの？ しかた
が ないね。
② A：ねえ、おねがいが あるんだけど。

B：何？
A：きょうかしょ わすれたから、見
せて くれない？
B：また！

Lesson12 ④

れんしゅうもんだい

1 ①いたい／しずか／いく／わからない／
やすみ／いたかった／しずかだった／
いった／わからなかった／やすみだった
②れんらくした／電話しなくても いいで
す
③ないので
⑤買いたい／よっても いい
⑥1）さくらが さいた／おはなみに 行き
ます
2）友だちの たんじょう日な／パー
ティーを します
3）つかれている／うちで 休みます
⑦高かった
2 ②どうしたんですか／きえた
③1）帰らない／まだ しごとが ある
2）ないて いる／ペットの ねこが し
んだ
④ちこくしたんですか／来なかったんです

はなしましょう 🔊231-232

●できますか？

タン：先生、すみません。
あおき：タンさん、どうしたんですか。
タン：はが いたいんです。
タン：先生、すみません。はいしゃへ 行
きたいので、帰っても いいですか。
あおき：ええ。
タン：あのう、先生。さくぶんの はっ
ぴょう、きょう しなくても いいで

23

すか。
あおき：はい。らいしゅうで いいですよ。
タン：わかりました。
あおき：おだいじに。
タン：ありがとうございます。

●**じゆうに はなしましょう**
A：かちょう、すみません。
かちょう：はい、どうしたんですか。
A：たいちょうが わるい※ので、びょういんへ 行っても いいですか。
かちょう：ええ。だいじょうぶですか。
A：はい、だいじょうぶです。ありがとう ございます。

※たいちょうがわるい　feel bad[sick], not feel well

よみましょう

1 メールを 見て、会話の しけんの 時間を チェックします。日本ぶんかの しけんを レポートに したい 学生は クラスの 先生に もうしこみます。
2 4つです。でも、日本ぶんかの レポートを 書く 人は 3つです。
3 1

Lesson13 1

れんしゅうもんだい

1 ②食べません
2 ①たべたら／よんだら／いったら／（学校へ）きたら／したら
　②しごとが おわっ／しょくじに 行き
　③えきに つい／電話して
　④つかったら
3 ②リさん／かいぎしつに います
　③タンさんなら／帰った
　④コーヒーなら

はなしましょう 237-238

●**できますか？**
サラ：きょう、しごとが おわったら、しょくじに 行きませんか。
アティ：ああ、いいですね。行きましょう。
アティ：きょうは からい りょうりが 食べたいです。
サラ：いいですね。
アティ：かんこくりょうりとか、タイりょうりは どうですか。
サラ：あ、タイりょうりなら、いい 店を しって いますよ。
サラ：おいしくて、てんいんが しんせつな お店です。デザートも いろいろ ありますよ。
アティ：いいですね。じゃ、そこに しましょう。

●**じゆうに はなしましょう**
A：きょう、しごとが おわったら、しょくじに 行きませんか？
B：ええ、行きましょう。ギョーザとか、チャーハンとか、ちゅうかりょうりは どうですか。
A：あ、いいですね。ギョーザなら、えき前に いい 店が ありますよ。やすくて おいしい 店です。
B：へえ。じゃあ、そこに しましょう。

Lesson13 2

れんしゅうもんだい

1 ②ボールペン／あります
　③Cさん／わかります
2 ②ジョギングを した／本を 読んだ
　③テレビを 見たり／メールを したり
　④テニスを したり／えいがを 見たり

3 ②の あとで・が おわった あとで
　③おひるごはんを 食べた あとで
　④を した あとで・の あとで、やって み
　　／を する まえに・の まえに
4 ②金／土／土

はなしましょう　🔊244-245

●できますか？

アティ：サラさん、今週の 土よう日、
　　　　いっしょに えいがを 見に 行きま
　　　　せんか。

サラ：今週の 土よう日ですか。えいがは
　　　見たいんですが、その日は ちょっ
　　　と よていが あるんです。

アティ：そうですか。じゃあ 来週の 土よ
　　　　う日か 日よう日は どうですか。

サラ：いいですね。土よう日なら、だい
　　　じょうぶです。

アティ：じゃあ、来週の 土よう日。えい
　　　　がの あとで、しょくじを したり、
　　　　ショッピングを したり しましょう。

サラ：いいですね。たのしみです。

●じゆうに はなしましょう

Ａ：Ｂさん、金よう日の 夜、いっしょに
　　しょくじを しませんか。

Ｂ：金よう日ですか。ちょっと よていが
　　あるんですが。

Ａ：そうですか。じゃあ 土よう日は どう
　　ですか。

Ｂ：ああ、土よう日…。すみません。今
　　週は ちょっと。

Ａ：そうですか。日よう日は どうですか。

Ｂ：日よう日なら、だいじょうぶです。

Ａ：じゃあ 日よう日。しょくじの あとで、
　　さんぽしたり 買いもの したり しま
　　しょう。

Ｂ：いいですね。

Lesson13 3

れんしゅうもんだい

1 ②やって みない
　③聞いて みない

2 ①いそごう／まとう／いおう／おぼえよ
　　う／はじめよう／かりよう／おきよう
　　／べんきょうしよう／もって こよう
　②べんきょうしない／しよう
　③ラーメンを 食べに 行かない／行こう

3 ②と 思って います／へやの そうじを し
　　ようと 思って います
　③帰ろう／ふじ山に のぼろうと 思ってる
　④国へ 帰って、父の 会社で はたらこう
　　と 思って います

はなしましょう　🔊250-251

●できますか？

ラマ：ねえ、しってる？ さくらまちで な
　　　つまつりが あるよ。

キム：ふうん。

ラマ：行って みない？ はなびとか、ぼ
　　　んおどりとか、いろいろ あるよ。

キム：う～ん。

キム：でも、人が 多い ところは いやだ
　　　なあ。

ラマ：え、行こうよ。たのしいと 思うよ。

キム：う～ん、こんどの しゅうまつは テ
　　　ストの べんきょうを しようと 思っ
　　　てるから。ごめんね。

ラマ：そう。ざんねんだな。

●じゆうに はなしましょう

Ａ：あ、Ｂさん、HA 大学で ぶんかさい
　　が あるよ。

Ｂ：へえ。

Ａ：行って みない？

Ｂ：行って、何 するの？

25

A：大学の 中を あるいて、いろいろ 見
るんだよ。ライブ※とか、店とか、あ
るよ。

B：ふうん。わかった。行こう。

※ライブ　live show[performance], concert

よみましょう

1 ☑さくら市を あんないします。
　☑つうやくを します。
2 ☑ホームページを 見ます。
　☑メールを します。

Lesson14 1

れんしゅうもんだい

1 ③行った ほうが いいです／行かない ほ
　うが いいです
　④やらない ほうが いいです／おいた ほ
　うが いいです
　⑤飲まない ほうが いい／ねた ほうが
　いい／やった ほうが いい
2 ③よく なりました
　④11月に なりました／さむく なり／い
　そがしく なり
　⑤べんりに なった

はなしましょう　🔊 257-259

●できますか？

キム：こえが へんだね。どうしたの？

タン：かぜを ひいたんだ。

キム：くすり、飲んだ？

タン：ううん。

キム：きょうは 早く 帰った ほうが いい
　よ。

タン：うん。でも、きょうは 飲み会が あ
　るんだ。

キム：え～。飲み会は 行かない ほうが

いいと 思うよ。

タン：う～ん。

キム：もっと ひどく なるよ。

タン：うん。わかった。

●じゆうに はなしましょう

① A：げんきが ありませんね。どうし
　たんですか。

B：あたまが いたいんです。

A：それは いけませんね。帰って 休
　んだ ほうが いいですよ。

B：ええ。でも きょうは かいぎが
　あるんです。

A：そうですか。でも、むりを しな
　い※ ほうが いいですよ。もっと
　わるく なりますよ。

B：はい。

　※むりをしない　push onself too hard

② A：どうしたんですか？

B：あたまが いたいんです。

A：それは いけませんね。あそこに
　すわった ほうが いいですよ。

B：はい。

A：えきいんさんを よびますから、
　ちょっと まって くださいね。

B：ありがとうございます。

Lesson14 2

れんしゅうもんだい

1 ①のれば／のらなければ／みれば／みな
　ければ／うんどうすれば／うんどうし
　なければ／(学校へ)くれば／(学校へ)
　こなければ
　②読めば
　③タクシーに のれば
　④つかえば
2 ①できます／できない

②できる／できます

③できる／できない／できない／できない

はなしましょう　🔊263-265

●できますか？

タン：日本語が じょうずに なりたいな
　　　あ。かんたんな ほうほう※は ない
　　　かなあ。

マリー：日本人と 話せば、すぐ じょうず
　　　に なるよ。

タン：そうかなあ。

タン：日本人の 友だちが いない 人は？

マリー：いい ほうほうが あるよ。

タン：どんな ほうほう？

マリー：インターネットで べんきょうす
　　　る ほうほう。

タン：インターネット？

マリー：そう。日本語の アプリ。たくさ
　　　ん あるよ。会話の れんしゅうと
　　　か、かんじの れんしゅうとかの ア
　　　プリも あるよ。

タン：ふうん。

タン：一人で できるかなあ。

マリー：だいじょうぶ。できるよ。

※ほうほう　best way

●じゆうに はなしましょう

① A：先生、デザインの べんきょうが
　　　できる 学校は ありますか。

　先生：はい、ありますよ。

　A：おしえて ください。

　先生：しんがくの じょうほうサイト※
　　　を 見れば、たくさん あります
　　　よ。この 本にも たくさん あり
　　　ます。どうぞ。

　A：ありがとうございます。見て み
　　　ます。

※しんがくのじょうほうサイト　admissions information site

② A：わあ、これ、どこ？

　B：ほっかいどうの さっぽろだよ。

　A：へえ。行って みたいなあ。ひこ
　　　うきとか、ホテルとか、高いか
　　　な。

　B：インターネットで しらべれば、
　　　わかるよ。

　A：そうだね。しらべて みる！

Lesson14 3

れんしゅうもんだい

1 ①めがねを 買う

　②なら

　③バーベキューするなら

　④行く／9月が いいです／くだものが お
　　いしいです

2 ①インターネットで しらべたら／やまだ
　　さんに 聞いたら、どうですか

　②びょういんへ 行って みたら、どうです
　　か／やっきょくで そうだんしたら、ど
　　うですか

　③やって み

　④聞いて みたら、どう

3 ③聞いた こと ある／ない

　④コスプレをした／はい、あります

はなしましょう　🔊271-272

●できますか？

アティ：うわあ、きれいな うみですね。
　　　どこですか。

リ：おきなわですよ。きょねん 行きまし
　　た。

リ：アティさんは おきなわへ 行った こと
　　が ありますか。

アティ：いいえ、ありません。行きたい
　　　です。

27

リ：おきなわへ 行くなら、10月が いい
と 思いますよ。あつくなくて、天気
も いいですから。

アティ：そうですか。

リ：10月の れんきゅうに 行って みたら、
どうですか。

アティ：そうですね。

●じゆうに はなしましょう

A：うわあ、きれい！ これ、どこですか。

B：わたしの 国に ある みずうみ※です。

A：へえ。Bさんは 行った ことが ありま
すか。

B：はい。ここに 行くなら、8月ぐらい
が いいですよ。すずしくて、くうき
が いいですから。

A：そうですか。

B：なつ休みに 行って みたら、どうです
か。

A：そうですね。

※みずうみ　lake

よみましょう

1 ○　2 ×　3 ×

Lesson15 1

れんしゅうもんだい

1 ②おとして しまった
　③たおして しまった
　④まちがえ
　⑤おさらを わって しまっ

2 ①おもしろければ／よければ／いきたけ
　れば／べんり／やすみ／よくなければ
　／たべなければ／いきたくなければ／
　べんりじゃなければ／やすみじゃなけ
　れば
　②よければ／よくなければ／うちに いま

す
　③かんたんなら／れんしゅうすれば
　④へいじつなら

はなしましょう 🔊276-277

●できますか？

キム：あれ？ かぎが ない。どうしよう。

キム：店長。

店長：はい。

キム：あ、おいそがしければ、あとで ま
た 来ます。

店長：だいじょうぶですよ。どうしました
か。

キム：すみません。ロッカーの かぎを な
くして しまいました。

店長：え！

キム：いろいろな ところを さがしたんで
すが、ないんです。

店長：どこにも ないんですね。

キム：はい。なくして しまって、もうし
わけ ありません。

●じゆうに はなしましょう

A：先生。

先生：はい。Aさん、何ですか。

A：おいそがしければ、あとで また 来ま
すが…。

先生：だいじょうぶですよ。どうしました
か。

A：しゅくだいを うちに わすれて しまい
ました。

先生：そうですか。しゅくだい、しました
か。

A：はい、しました。でも わすれました。
わすれて しまって、すみません。

先生：わかりました。あした 出して くだ
さいね。

Lesson15 2

れんしゅうもんだい

1 ①わすれちゃった／のんじゃった／まちがえちゃった
　②まちがえちゃった
　③飲んじゃった
2 ②おんがくを 聞きながら
　③電話を しながら
　④けいたいを 見ながら
　⑤おんがくを 聞き／テレビを 見ながら べんきょうします

はなしましょう

● できますか？
　タン：マリーさん、ごめんなさい。
　マリー：え、何？
　タン：マリーさんに かりた ノート、よごしちゃった。
　マリー：え？
　タン：コーヒーを 飲みながら べんきょうして いて…。
　マリー：うん。
　タン：コーヒーカップを たおしちゃった。
　マリー：え〜！
　タン：ほんとうに ごめんね。これ、新しい ノート、つかって。
　マリー：わかった。

● じゆうに はなしましょう
　A：Bさん、ごめん。
　B：え、何？
　A：Bさんに きのう かりた ペン、なくしちゃった。
　B：え！
　A：きのう、どこかで おとしちゃったと 思う。
　B：え〜。
　A：じむしょで きいたけど、なかった。ごめんね。
　B：う〜ん。しかたが ないね。
　A：これ、つかって。
　B：いいの？
　A：うん。ほんとうに ごめんね。

よみましょう

1 きむらさんの たいせつな 本を なくして しまったから。
2 きむらさんの 本が 入って いる ふくろを 電車の 中に わすれた こと。
3 きむらさんの たいせつな 本を なくして しまった こと。

90666-B-230405